《中国传统文化教育读本》编写组 编

主 编 段守政

副主编 侯廷宾

中国传统文化教育读本
论语

河南大学出版社
HENAN UNIVERSITY PRESS

·郑州·

图书在版编目(CIP)数据

论语 /《中国传统文化教育读本》编写组编. —郑州：河南大学出版社，2017.1
(2018.1 重印)
(中国传统文化教育读本)
ISBN 978-7-5649-2659-5

Ⅰ. ①论… Ⅱ. ①中… Ⅲ. ①儒家　Ⅳ. ①B222.21

中国版本图书馆 CIP 数据核字(2017)第 017356 号

责任编辑	程新晓　林方丽	责任校对	陈　冲
封面设计	郭　灿		

出版发行	河南大学出版社
	地址：郑州市郑东新区商务外环中华大厦 2401 号　　邮编：450046
	电话：0371－86059701
	网址：www.hupress.com
排　版	郑州金点图文设计有限公司
印　刷	辉县市伟业印务有限公司
版　次	2017 年 2 月第 1 版　　　　　　印次　2018 年 1 月第 2 次印刷
开　本	787mm×1092mm　1/16　　　　印张　22.75
字　数	285 千字

ISBN 978-7-5649-2659-5　　　　　　　　定价　39.80 元

前　言

《论语》是孔子弟子及其再传弟子追记孔子言行思想的著作,大约成书于战国初期。《汉书·艺文志》中有云:"《论语》者,孔子应答弟子、时人及弟子相与言而接闻于夫子之语也。当时弟子各有所记,夫子既卒,门人相与辑而论纂,故谓之《论语》。"

秦始皇焚书坑儒,许多古代典籍付之一炬,《论语》未能幸免,几乎失传。汉代经官府搜集整理,曾有三种不同的本子流传,即《古论语》《齐论语》和《鲁论语》。《古论语》是汉景帝时,鲁恭王在孔子故宅壁中发现的秦火以前的古本《论语》,用先秦古文字(蝌蚪文)写成,为古文本,史称古文《论语》,共有二十一篇。《齐论语》是齐国学者所传,有二十二篇。《鲁论语》为鲁国学者所传,有二十篇。《齐论语》和《鲁论语》均用汉代通行文字隶书写成,史称今文《论语》。西汉末年,张禹以《鲁论语》为根据,参考《古论语》与《齐论语》进行考证修订,改编成《张侯论》,并为官府列为官学。东汉时期,郑玄又以《张侯论》为本,参考《古论语》和《齐论语》再加以改订,即成为今本《论语》。《古论语》和《齐论语》从此亡佚。

今本《论语》共二十篇,篇名取自每篇首章中的前二三字,并无实际意义。全文采用语录体,章节简短,每事一段。孔子循循善诱,教诲弟子,或言简意赅,点到即止;或启发论辩,侃侃而谈。语言生动活泼、含蓄隽永、寓意深远、耐人寻味,有不少语句已成为格言和成语,如"知之为知之,不知为不知,是知也""己所不欲,勿施于人"等。

《论语》善于通过描写神情语态来展示人物形象。孔子是《论语》描述的中心,"夫子风采,溢于格言"(《文心雕龙·征圣》)。书中不仅有关于他的仪态举止的静态描写,而且有关于他的个性气质的传神刻画。此外,围绕孔子这一中心,《论语》还成功地刻画了一众孔门弟子的形象,如子路的率直鲁莽,颜渊的温雅贤良,子贡的聪颖善辩,曾皙的潇洒脱俗等。孔子因材施教,对于不同的对象,考虑其不同的素质、优点和缺点、进德修业的具体情况,给予不同的教诲,表现了诲人不倦的可贵精神。如《颜渊》篇中所述,同是弟子问仁,孔子有不同的回答,答颜渊"克己复礼为仁",答仲弓"己所不欲,勿施于人",答司马牛"仁者,其言也讱"。颜渊学养高深,故答以"仁"学纲领;对仲弓和司马牛则答以细目。又如,同是问"闻斯行诸?",孔子答子路曰:"有父兄在,如之何其闻斯行之?"因为"由也兼人,故退之"。答冉有曰:"闻斯行之。"因为"求也退,故进之"。这不仅是因材施教教育方法的作用,其中还饱含孔子对弟子高度的责任心。

《论语》内容广博,涉及政治、教育、礼仪、经济、文学、天道观、认识论等,反映了孔子伦理体系最基本的思想。这个体系的核心是"仁",实施"仁"的手段和途径是"礼"。何谓仁?子曰:"克己复礼为仁。一日克己复礼,天下归仁焉。"(《颜渊》)也就是说,只要克制自己,让言行符合礼就是仁德了。一旦做到言行符合礼,天下的人就会赞许你为仁人了。可见"仁"不是先天就有的,而是后天"修身""克己"的结果。孔子还提出仁德的外在标准,这便是"刚、毅、木、讷"(《子路》),即刚强、果断、质朴、谦虚。同时他还提出实践仁德的五项标准,这便是"恭、宽、信、敏、惠"(《阳货》),即恭谨、宽厚、信实、勤敏、慈惠。他说,对人恭谨就不会招致侮辱,待人宽厚就会得到大家的拥护,交往信实别人就会信任你,做事勤敏就会取得成功,给人慈惠就能够很好地使唤民众。孔子说能实行这五种美德者,就可算是仁了。

在孔子看来,仁德是做人的根本,是处于第一位的。孔子曰:"弟子入则孝,出则弟,谨而信,泛爱众,而亲仁。行有余力,则以学文。"(《学而》)又曰:"人而不仁,如礼何?人而不仁,如乐何?"(《八佾》)这说明只有在仁德的基础上做学问、学礼乐才有意义。孔子还认为,只有仁德的人才能无私地对待别人,才能得到人们的尊重。子曰:"唯仁者能好人,能恶人。"(《里仁》)"齐景公有马千驷,死之日,民无德而称焉。伯夷、叔齐饿于首阳之下,民到于今称之。"(《季氏》)这些都充分说明了仁德的价值和力量。

《论语》一书对后世的思想和学术影响至深,在汉代已被视为辅翼《五经》的传或记,汉文帝时列于学官,东汉时被尊为经,从此,《论语》受到历代统治者的推崇,成为衡量言行是非的标准,甚至获得了"半部《论语》治天下"的赞誉。《论语》在中华民族的道德、文化、心理状态和民族性格的塑造过程中起到了巨大的作用。司马迁有言:"余读孔氏书,想见其为人……天下君王至于贤人众矣,当时则荣,没则已焉。孔子布衣,传十余世,学者宗之。自天子王侯,中国言六艺者折中於夫子,可谓至圣矣!"

本书具体分工如下:侯廷宾负责第一至第五篇,石建云负责第六至第八篇,杨月芳负责第九、十篇,周丽芬负责第十一、十二篇,王永华负责第十三、十四篇,高艳峰负责第十五、十六篇,端木丹玉负责第十七、十八篇,杨素玲负责第十九、二十篇,段守政统筹全书。

目 录

学而篇第一 …………………………………… 1
为政篇第二 …………………………………… 16
八佾篇第三 …………………………………… 33
里仁篇第四 …………………………………… 51
公冶长篇第五 ………………………………… 65
雍也篇第六 …………………………………… 85
述而篇第七 …………………………………… 107
泰伯篇第八 …………………………………… 131
子罕篇第九 …………………………………… 147
乡党篇第十 …………………………………… 167
先进篇第十一 ………………………………… 187
颜渊篇第十二 ………………………………… 210
子路篇第十三 ………………………………… 228
宪问篇第十四 ………………………………… 247
卫灵公篇第十五 ……………………………… 274
季氏篇第十六 ………………………………… 293
阳货篇第十七 ………………………………… 305
微子篇第十八 ………………………………… 323
子张篇第十九 ………………………………… 335
尧曰篇第二十 ………………………………… 350

学而篇第一

《论语》中各篇一般都是以第一章的前两三个字作为该篇的篇名。本篇包括十六章,内容涉及诸多方面,其中重点是"吾日三省吾身""节用而爱人,使民以时""礼之用,和为贵"以及仁、孝、信等道德范畴。

1.1　子①曰:"学②而时习③之,不亦说④乎?有朋⑤自远方来,不亦乐⑥乎?人不知⑦而不愠⑧,不亦君子⑨乎?"

注　释

①子:中国古代对于有地位、有学问的男子的尊称,有时也泛称男子。《论语》中"子曰"的"子"皆指孔子。

②学:孔子在这里所讲的"学",主要是指学习西周的礼、乐、诗、书等传统文化典籍。

③时习:在周秦时代,"时"字用作副词,意为"在一定的时候"或者"在适当的时候",但朱熹在《论语集注》一书中把"时"解释为"时常";习,指演习礼、乐,复习诗、书,也含有"温习、实习、练习"的意思。

④说:同"悦","愉快、高兴"的意思。

⑤朋:同在一位老师门下学习的叫"朋",也就是志同道合的人。

⑥乐:与"说"有所区别,旧注说,"悦在内心,乐则见于外"。

⑦人不知:此句不完整,没有说出人不知道什么,缺少宾语;一般而言,"知"是"了解"的意思,人不知,是说别人不了解自己。

⑧愠:恼怒,怨恨。

⑨君子:《论语》中的"君子",有时指有德者,有时指有位者,此处指孔子理想中具有高尚人格的人。

译文

孔子说:"学习中时时加以温习,不是很愉悦吗?有朋友从远方来,不是很快乐吗?别人虽不了解我,但我不怨恨,不也是一个有德的君子吗?"

1.2 有子①曰:"其为人也孝弟②,而好犯上③者,鲜④矣;不好犯上,而好作乱者,未之有也⑤。君子务本⑥,本立而道⑦生。孝弟也者,其为仁之本⑧与!"

注 释

①有子:孔子的学生,姓有,名若。

②孝弟:孝,奴隶社会时期所认为的子女对待父母的正确态度;弟,读音和意义与"悌"(音 tì)相同,即弟弟对待兄长的正确态度。旧注说,"善事父母曰孝,善事兄长曰弟"。

③犯上:犯,冒犯;上,指在上位的人。

④鲜:"少"的意思。《论语》中的"鲜"字,都是如此用法。

⑤未之有也:此为"未有之也"的倒装句型。古代汉语的句法有一条规律,否定句的宾语若为代词,一般置于动词之前。

⑥务本:务,专心、致力于;本,根本。

⑦道:在中国古代思想里,"道"有多种含义,此处的"道",指孔

子提倡的仁道,即以仁为核心的整个道德思想体系及其在实际生活中的体现,简单讲,就是治国做人的基本原则。

⑧为仁之本:"仁"是孔子哲学思想的最高范畴,又是伦理道德准则,"为仁之本"即以孝悌作为仁的根本。还有一种解释,认为古代的"仁"就是"人"字,"为仁之本"即做人的根本。

译 文

有子说:"一个人孝顺父母,敬爱兄长,却喜欢触犯在上位的人,这样的人是很少的;不喜欢犯上却喜欢作乱,这种人是不会有的。君子行事致力于根本,确立了根本,道也就产生了。孝悌就是仁道的根本吧!"

1.3 子曰:"巧言令色①,鲜矣仁!"

注 释

①巧言令色:朱熹注曰"好其言,善其色,致饰于外,务以说人","巧"和"令"都是"美好"的意思,但此处应释为"装出和颜悦色的样子"。

译 文

孔子说:"花言巧语,容色伪善,这种人很少有仁德。"

1.4 曾子①曰:"吾日三省②吾身:为人谋而不忠③乎?与朋友交而不信④乎?传⑤

bù xí hū

不习乎?"

注 释

①曾子:名参(音 shēn),字子舆,生于公元前505年,鲁国人,是被鲁国灭亡了的鄫国贵族的后代;曾参是孔子的得意门生,以孝子出名,据说《孝经》就是他撰写的。

②三省:省,反省检查;"三省"有几种解释:一是三次检查,二是从三个方面检查,三是多次检查。其实,古代在有动作性的动词前加上数字,表示动作频率高,不必认定为三次。

③忠:此处指对人应当尽心竭力。

④信:信者,诚也,以诚实之谓信。

⑤传:传授,指老师传授的学业。

论语

译 文

曾子说:"我每天数次反省自己:为别人办事是不是尽心竭力了?同朋友交往是不是诚实守信了?老师传授给我的学业是不是认真复习了?"

zǐ yuē dào qiān shèng zhī guó jìng shì ér
1.5 子曰:"道①千乘之国②,敬事③而

xìn jié yòng ér ài rén shǐ mín yǐ shí
信,节用而爱人,使民以时④。"

注 释

①道:治理。

②千乘之国：乘，古代以四匹马拉的兵车；千乘之国，指拥有千辆兵车的国家，即诸侯国。春秋时代，战争频繁，所以国家的强弱都用车辆的数目来计算。在孔子时代，千乘之国已经不是大国。

③敬事：指严肃的治事态度。

④时：这里指农时。

译文

孔子说："治理一个拥有千辆兵车的国家，要严肃治事并有诚信，要节约财用并爱护百姓，要根据农时来使用民力。"

1.6　子曰："弟子①入②则孝，出③则弟，谨④而信，泛⑤爱众，而亲仁⑥。行有余力⑦，则以学文⑧。"

注释

①弟子：一般有两种意义，一是年纪较小为人弟和为人子的人，二是指学生，这里是用第一种意义上的"弟子"。

②入：古代父子分别住在不同的居处，学习则在外舍。《礼记·内则》："由命士以上，父子皆异宫。""入"是入父宫，指进到父亲住处，或说在家。

③出：与"入"相对而言，指外出拜师学习。

④谨：谨慎。

⑤泛:"广泛"的意思。

⑥仁:"仁"即仁人,有仁德之人。

⑦行有余力:指有闲暇时间。

⑧文:古代文献,主要有诗、书、礼、乐等文化知识。

译 文

孔子说:"一个年轻人,在家要孝顺父母,出门要敬顺兄长,谨慎而有信用,泛爱众人而亲近仁者。能做到这些还有余力的话,那就去学习文章典籍。"

1.7 子夏①曰:"贤贤②易色③;事父母,能竭其力;事君,能致④其身;与朋友交,言而有信。虽曰未学,吾必谓之学矣。"

注 释

①子夏:姓卜,名商,字子夏,孔子的学生,生于公元前507年,孔子死后,他在魏国宣传孔子的思想主张。

②贤贤:第一个"贤"字作动词用,"尊重"的意思;"贤贤"即尊重贤者。

③易:改变;色:女色,这里指好色之心。或说"贤贤易色"专指对女子应重品德而轻姿色。

④致:奉献。

译 文

子夏说:"尊崇贤者而改变喜好女色之心,侍奉父母能尽心竭力,侍奉君上能不惜性命,与朋友交往中说话有诚信。这样的人即使没有经过学习,我也一定说他已经学习过了。"

1.8 子曰:"君子不重①则不威,学则不固②。主忠信③。无④友不如己⑤者。过⑥,则勿惮⑦改。"

注 释

①重:庄重。

②学则不固:有两种解释,一是作"坚固"解,与上句相连,意为"不庄重就没有威严,所学也不坚固";二是作"固陋"解,喻人见闻少,学了就可以不固陋。

③主忠信:以忠信为主。

④无:通"毋","不要"的意思。

⑤不如己:一般解释为"不如自己",另一种解释说"不如己者,不类乎己,所谓'道不同不相为谋'也",把"如"解释为"类似"。后一种解释更符合孔子的原意。

⑥过:过错,过失。

⑦惮:害怕,畏惧。

译 文

孔子说:"君子如果不庄重就不会有威严,他即使学习了也不会牢固。为人要以忠信为主。不要与不同于自己的人交朋友。有了过错,就不要怕改正。"

1.9 曾子曰:"慎终①追远②,民德归厚矣。"

注 释

①终:人死为终,这里指父母去世。
②追远:追念死亡久远者,这里指祭祀远祖。

译 文

曾子说:"能谨慎办理父母的丧事,追念死亡已久的远祖,这样就能使百姓的德性趋归敦厚。"

1.10 子禽①问于子贡②曰:"夫子③至于是邦④也,必闻其政。求之与?抑⑤与之与?"子贡曰:"夫子温、良、恭、俭、让⑥以得之。夫子之求之也,其诸⑦异乎人之求之与^{yú}?"

注　释

①子禽:姓陈,名亢,字子禽。郑玄所注《论语》说他是孔子的学生,但《史记·仲尼弟子列传》未载此人,故一说子禽非孔子学生。

②子贡:姓端木,名赐,字子贡,卫国人,是孔子的学生,生于公元前520年。子贡善辩,孔子认为他可以做大国的宰相。据《史记》记载,子贡在卫国做了商人,家有财产千金,成了有名的商业家。

③夫子:这是古代的一种敬称,凡是做过大夫的人都可以取得这一称谓。孔子曾担任过鲁国的司寇,所以他的学生们称他为"夫子"。后来,因此而沿袭以称呼老师。《论语》中所说的"夫子",都是孔子的学生对他的称呼。

④邦:指当时割据的诸侯国家。

⑤抑:表示选择的文言连词,有"还是"的意思。

⑥温、良、恭、俭、让:就字面理解即为温和、善良、恭敬、俭朴、谦让。这是孔子的弟子对他的赞誉。

⑦其诸:语气词,有"大概"的意思。

译　文

子禽问子贡说:"夫子每到一个国家,必定获知这个国家的政事。是他自己求得的,还是别人主动提供给他的?"子贡说:"夫子是以温和、善良、恭敬、节俭、谦让的德行而得知国家政事的。夫子求得政事的方式,应是不同于别人求取的方式吧?"

1.11　子曰:"父在,观其①志;父没②,观其行③;三年无改于父之道④,可谓孝矣。"

注　释

①其:他的,指儿子,不是指父亲。

②没:通"殁"(mò),"死亡"的意思。

③行:指行为举止等。

④道:有时候是一般意义上的名词,无论好坏、善恶都可以叫作道,但更多时候是积极意义的名词,表示善的、好的东西,这里是"行事之道"的意思。

译　文

孔子说:"父亲在世时,观察儿子的志向;父亲去世后,观察儿子的行为;他能三年不改变父亲生前的行事之道,可说是尽孝了。"

1.12　有子曰:"礼①之用,和②为贵。先王之道③,斯④为美,小大由之。有所不行,知和而和,不以礼节之,亦不可行也。"

注　释

①礼:在春秋时代,"礼"泛指奴隶社会的典章制度和道德规

范,孔子的"礼",既指"周礼"、礼节、仪式,也指人们的道德规范。

②和:和谐,协调。

③先王之道:指尧、舜、禹、汤、文、武等古代帝王的治世之道。

④斯:这,此,这里指"礼",也指"和"。

译文

有子说:"礼的应用,以和谐为贵。古代君主的治国方法,最宝贵的地方就在这里,不论大事小事全都这样来实行。但是,如遇行不通的时候,只是为了和谐而求和谐,而不用礼加以节制,那也是不可行的。"

1.13 有子曰:"信近①于义②,言可复③也。恭近于礼,远④耻辱也。因⑤不失其亲,亦可宗⑥也。"

注释

①近:"接近、符合"的意思。

②义:义是儒家的伦理范畴,是指思想和行为符合一定的标准,这个标准就是"礼"。

③复:实践,履行。

④远:动词,使动用法,"使之远离"的意思,此外还有"避免"的意思。

⑤因：依靠，凭借。

⑥宗：尊敬。

译文

有子说："所定的信约必须合于道义，这样的话才能实行。态度恭敬要合于礼，这样才能免招无谓的耻辱。所依靠的都是可亲之人，这也就可尊敬了。"

1.14　子曰："君子食无求饱，居无求安，敏于事而慎于言，就①有道②而正③焉，可谓好学也已。"

注释

①就：靠近，看齐。

②有道：指有道德的人。

③正：匡正，端正。

译文

孔子说："君子饮食不求饱足，居住不求安适，行事勤敏而言语谨慎，能到有道德的人那里辨正是非，这可说是好学的了。"

1.15　子贡曰："贫而无谄①，富而无骄，何如②?"子曰:"可也。未若贫而乐③,富而好礼者也。"

子贡曰:"《诗》云:'如切如磋,如琢如磨。'④其斯之谓与?"子曰:"赐⑤也,始可与言《诗》已矣,告诸往而知来者⑥。"

注 释

①谄:巴结,奉承。

②何如:《论语》中的"何如",意思都为"怎么样"。

③贫而乐:一本作"贫而乐道"。

④如切如磋,如琢如磨:此二句见《诗经·卫风·淇奥》。切、磋、琢、磨分别指对骨器、玉器等器物的不同加工方式,比喻在道德学问上的磨砺研修。切,切断。磋,锉平。琢,雕刻。磨,磨光。

⑤赐:子贡名,孔子对学生都称其名。

⑥告诸往而知来者:诸,同"之";往,过去的事情;来,未来的事情。

译 文

子贡说:"贫穷而能不谄媚,富有而能不骄傲自大,这怎么样?"孔子说:"这也算可以了。但是还不如虽贫穷却乐于道,虽富裕而又好礼之人。"

子贡说:"《诗经》上说:'如切如磋,如琢如磨。'大概就是说明这个道理吧?"孔子说:"赐啊,你能从我已经讲过的话中领会到我还没有说到的意思,举一反三,我可以同你谈论《诗经》了。"

1.16 子曰:"不患①人之不己知,患不知人也。"

论语

注 释

①患:忧虑,怕。

译 文

孔子说:"不担忧别人不了解自己,担忧的是自己不了解别人。"

为政篇第二

  本篇包括二十四章，主要内容涉及孔子"为政以德"的思想，如何谋求官职和从政为官的基本原则，学习与思考的关系，孔子本人学习和修养的过程，温故而知新的学习方法，以及对孝、悌等道德范畴的进一步阐述。

2.1 子曰:"为政以德①,譬如北辰②居其所③而众星共④之。"

注 释

①为政以德:以,"用"的意思。此句是说统治者应以道德进行统治,即"德治"。

②北辰:北极星。

③所:处所,位置。

④共:通"拱",环绕。

译 文

孔子说:"以道德教化来治理政事,当政者就会像北极星那样安居其位,而群星都环绕着它。"

2.2 子曰:"诗三百①,一言以蔽②之,曰:'思无邪③。'"

注 释

①诗三百:诗,指《诗经》一书,此书实有三百零五篇,"三百"只是举其整数。

②蔽:概括。

③思无邪:此为《诗经·鲁颂》中的一句,此处的"思"原为语首

助词,无意义。这里全句意为"思想感情纯正无邪"。

译文

孔子说:"《诗经》三百篇,可以用一句话来概括它,就是'思想感情纯正无邪'。"

2.3 子曰:"道①之以政,齐②之以刑,民免③而无耻④。道之以德,齐之以礼,有耻且格⑤。"

注释

①道:引导。

②齐:整治。

③免:避免。

④耻:羞耻之心。

⑤格:有两种解释,一为"至",二为"正"。

译文

孔子说:"用政令引导民众,用刑法制约民众,民众虽会免于犯罪,但没有羞耻心。用道德引导民众,用礼教规范民众,民众有羞耻心,而且能自觉归正。"

2.4 子曰:"吾十有①五而志于学,三十而立②,四十而不惑③,五十而知天命④,六十而耳顺⑤,七十而从心所欲,不逾矩⑥。"

注 释

①有:通"又"。

②立:自立。

③不惑:掌握了知识,不被外界事物所迷惑。

④天命:个人的命运。

⑤耳顺:对此有多种解释,一般而言,指对那些于己不利的意见也能正确对待。

⑥从心所欲,不逾矩:从,遵从;逾,越过;矩,规矩。

译 文

孔子说:"我十五岁立志于学习,三十岁能立身于世,四十岁能不被外界事物所迷惑,五十岁懂得什么是天命,六十岁对听到的一切都深明其义,七十岁能随心所欲,但不会违反规矩。"

2.5 孟懿子①问孝。子曰:"无违②。"樊迟③御④,子告之曰:"孟孙⑤问孝于我,我对曰:'无违。'"樊迟曰:"何谓也?"子曰:"生,事之以礼;死,葬之以礼,祭之以礼。"

注　释

①孟懿子：鲁国大夫，姓仲孙，名何忌，"懿"是其谥号，其父临终前要他向孔子学礼。

②无违：不要违背。

③樊迟：姓樊，名须，字子迟，孔子的弟子，曾和冉求一起帮助季康子进行革新。

④御：驾驭马车。

⑤孟孙：指孟懿子。

译　文

孟懿子问孔子什么是孝。孔子说："孝就是不要违背礼。"

后来樊迟为孔子驾车，孔子告诉他："孟懿子问我什么是孝，我对他说不要违背礼。"樊迟说："'不要违背礼'是什么意思呢？"孔子说："父母活着的时候，要按礼侍奉他们；父母去世后，要按礼埋葬他们、祭祀他们。"

2.6　孟武伯①问孝。子曰："父母唯其疾之忧②。"

注　释

①孟武伯：孟懿子的儿子，名彘，"武"是他的谥号。

②父母唯其疾之忧：其，代词，指子女，全句意为"父母不用担

忧子女的为人行事,只担忧其患病"。此句或解为"要懂得父母唯恐子女患病,以此为忧"。或说"其"指父母,全句意为"子女当担忧父母的疾病"。今从第一说。

译文

孟武伯向孔子请教孝道。孔子说:"让父母只需担忧子女的疾病。"

2.7 子游①问孝。子曰:"今之孝者,是谓能养。至于犬马,皆能有养。不敬,何以别乎?"

注释

①子游:姓言,名偃,字子游。

译文

子游问孔子什么是孝。孔子说:"现今所谓的孝,就是只要能够赡养父母便足够了。但是,照这样,连犬马也有人喂养着。如果孝敬父母没有恭敬之心,那么供养父母和饲养犬马又有什么区别呢?"

2.8 子夏问孝。子曰:"色①难。有事,

弟子服其劳；有酒食，先生②馔③，曾是以为孝乎？"

注释

①色难：色，脸色，这里指子女侍奉父母时的和颜悦色。

②先生：年长者，这里指父母。

③馔：吃喝。

译文

子夏问孔子什么是孝。孔子说："当子女的要尽到孝，最不容易的就是对父母和颜悦色。仅仅是有了事情儿女需要替父母去做，有了酒食先让父母享用，难道这样就可以算是孝了吗？"

2.9 子曰："吾与回①言终日，不违②，如愚。退而省其私③，亦足以发，回也不愚。"

注释

①回：姓颜，名回，字子渊，生于公元前521年，鲁国人，孔子的得意门生。

②不违：不提相反的意见和问题。

③退而省其私：考察颜回私下里与其他学生讨论学问的言行。

译 文

孔子说:"我整天给颜回讲学,他从来不提反对意见和疑问,好像有点愚蠢。等他退下之后,我考察他私下的言论,发现他完全能发挥我所讲授的内容,说明颜回其实并不愚笨。"

2.10 子曰:"视其所以①,观其所由②,察其所安③。人焉廋④哉?人焉廋哉?"

注 释

①所以:所做的事情。
②所由:做事的动机、依据。
③所安:安乐与否的心境。
④廋:隐藏,藏匿。

译 文

孔子说:"要了解一个人,应观察他的所作所为,考察他做事的动机、依据,了解他的心情安乐与否。这样,这个人还怎么能隐藏得了呢?这个人还怎么能隐藏得了呢?"

2.11 子曰:"温故而知新①,可以为师矣。"

论语

注　释

①温故而知新：故，旧的知识；新，新的见解。

译　文

孔子说："温习旧的知识而能有新体会、新发现，就可以当老师了。"

2.12　子曰："君子不器①。"

注　释

①器：器皿。器皿各有其专门的用途，这里用来比喻才识狭隘而不博通。

译　文

孔子说："君子不能像器皿那样（只有某一方面的用途）。"

2.13　子贡问君子。子曰："先行其言而后从之。"

译　文

子贡问怎样才能成为君子。孔子说："先把自己要说的话付诸行动，而后再说出来。"

2.14 子曰:"君子周①而不比②,小人比而不周。"

注 释

①周:因忠信而亲密。
②比:以私利相互勾结。

译 文

孔子说:"君子团结而不勾结,小人勾结而不团结。"也可以说成是:君子无论和什么人交往都能一视同仁,从不拉帮结派;小人却总是喜欢和自己亲近的人结成小圈子,而排斥异己者。

2.15 子曰:"学而不思则罔①,思而不学则殆②。"

注 释

①罔:迷惘。
②殆:疑惑。

译 文

孔子说:"只读书学习而不思考,就会迷惘不解;只空想而不读书学习,就会疑惑不定。"

2.16 子曰:"攻①乎异端②,斯③害也已④。"

注 释

①攻:致力研究。一说攻伐。今从前说。

②异端:指各种杂学、技艺等。

③斯:代词,这。

④也已:这里用作语气词。

译 文

孔子说:"专力攻治杂学技艺,这是有害的呀。"

2.17 子曰:"由①,诲女②知之乎!知之为知之,不知为不知,是知也。"

注 释

①由:姓仲,名由,字子路,生于公元前542年,孔子的学生,长期追随孔子。

②女:通"汝",你。

译 文

孔子说:"由,我教你怎样才叫作知道了!知道就是知道,不知道就是不知道，这才是智慧啊！"

2.18 子张①学干禄②。子曰："多闻阙③疑④，慎言其余，则寡尤⑤；多见阙殆，慎行其余，则寡悔。言寡尤，行寡悔，禄在其中矣。"

注 释

①子张：姓颛孙，名师，字子张，生于公元前503年，比孔子小48岁，孔子的学生。

②干禄：干，求取；禄，古代官吏的俸禄；"干禄"就是求取官职。

③阙：缺，此处意为"放置在一旁"。

④疑：疑惑。

⑤寡尤：寡，少；尤，过失。

译 文

子张请教如何求官得禄。孔子说："要多听别人说，自己保留有疑惑的问题，其余可确定的问题也要谨慎地说出来，这样就可以少犯错误；要多看别人行事，自己不做有疑惑的事情，其余可确定的事情也要谨慎地去做，这样就能少生后悔。言语少过失，行事少后悔，官职俸禄就在其中了。"

2.19 哀公①问曰:"何为则民服?"孔子对曰②:"举直错诸枉③,则民服;举枉错诸直,则民不服。"

注 释

①哀公:姓姬,名蒋,"哀"是其谥号,鲁国国君。

②对曰:《论语》中记载对国君及在上位者问话的回答都用"对曰",以表示尊敬。

③举直错诸枉:举,选拔;直,正直;错,通"措",放置;枉,邪曲。

译 文

鲁哀公问道:"怎样做才能使百姓服从?"孔子回答说:"把正直无私的人提拔起来,把邪恶不正的人置于一旁,老百姓就会服从了;把邪恶不正的人提拔起来,把正直无私的人置于一旁,老百姓就不会服从统治了。"

2.20 季康子①问:"使民敬、忠以②劝③,如之何?"子曰:"临④之以庄,则敬;孝慈⑤,则忠;举善而教不能,则劝。"

注 释

①季康子：姓季孙，名肥，"康"是他的谥号，鲁哀公时任正卿，是当时政治上最有权势的人。

②以：连接词，与"而"同。

③劝：勤勉，努力。

④临：对待。

⑤孝慈：一说当政者自己孝慈，一说当政者引导老百姓孝慈，此处采用后者。

译 文

季康子问道："要使老百姓对当政的人尊敬、忠诚而努力，该怎样去做呢？"孔子说："你用庄重的态度对待老百姓，他们就会尊敬你；你引导老百姓孝顺老者，慈爱幼小，他们就会忠诚于你；你选用善良的人，并教导能力弱的人，他们就会勤奋努力。"

论语

2.21　或^①谓孔子曰："子奚^②不为政？"子曰："《书》^③云：'孝乎惟孝，友于兄弟，施^④于有政。'是亦为政，奚其为为政？"

注 释

①或：有人。

②奚：疑问词，相当于"为什么"。

③《书》：指《尚书》。

④施：一作"施行"讲，一作"延及"讲。

译 文

有人对孔子说："您为什么不做官参与政治？"孔子回答说："《尚书》上说：'孝啊，只有孝敬父母又友爱兄弟并施行于政治。'这也是参与政治，为什么一定要做官参政呢？"

2.22 子曰："人而无信，不知其可也。大车无輗①，小车无軏②，其何以行之哉？"

注 释

①輗：古代牛车上车辕与横木连接处的活销，可衔接横木以驾牲口。大车指的是牛车。

②小车：指马车。軏：性质与輗同，用于马车上称"軏"。没有輗和軏，车就不能走。

译 文

孔子说："一个人不讲信用，不知道他还可做什么。就好像牛车没有輗，马车没有軏，怎么能行进呢？"

2.23 子张问："十世①可知也？"子曰：

"殷因②于夏礼，所损益③，可知也；周因于殷礼，所损益，可知也。其或继周者，虽百世，可知也。"

注释

①世：古时称三十年为一世，也有的把"世"解释为朝代。

②因：承袭。

③损益：减少和增加，即"优化、变动"之意。

译文

子张问孔子："十代以后的礼仪制度可以预先知道吗？"孔子回答说："殷朝承袭了夏朝的礼仪制度，其增加和废除的地方，是可以知道的；周朝承袭殷朝的礼仪制度，其增加和废除的地方，也是可以知道的。将来有继承周朝的朝代，即使历经一百代，也是可以预先知道的。"

2.24　子曰："非其鬼①而祭之，谄②也。见义③不为，无勇也。"

论语

注释

①鬼：有两种解释，一是指鬼神，二是指死去的祖先，这里泛指

鬼神。

②谄：谄媚，阿谀。

③义：人应该做的事就是义。

译 文

孔子说："不是你应该祭的鬼神，你却去祭它，这就是谄媚。遇见合乎道义的事情，你却袖手旁观，这就是怯懦。"

八佾篇第三

本篇包括二十六章，主要内容涉及"礼"的问题，主张维护礼在制度上、礼节上的种种规定。孔子提出"绘事后素"的命题，表达了他的伦理思想以及"君使臣以礼，臣事君以忠"的政治道德主张。本篇重点讨论如何维护"礼"的问题。

3.1　孔子谓季氏①："八佾②舞于庭,是可忍③也,孰不可忍也?"

注　释

①季氏:鲁国大夫季孙氏,可能指季平子,名意如。

②八佾:天子所用的一种乐舞。佾,乐舞行列,每列定为八人。八佾即八列六十四人。据《周礼》规定,只有周天子才可以使用八佾,诸侯为六佾,卿大夫为四佾,士用二佾。季氏是正卿,只能用四佾。

③可忍:可以忍心。一说可以容忍。今取前说。

译　文

孔子谈到季氏,说:"他在自己的庭院中使用八佾的乐舞,这样的事他都忍心去做,还有什么事会不忍心做?"

3.2　三家①者以《雍》彻②。子曰:"'相维辟公,天子穆穆。'③奚取于三家之堂④?"

注　释

①三家:鲁国当政的仲孙、叔孙、季孙三家大夫,他们都是鲁桓公的后代。

②《雍》:《诗经·周颂》中的一篇,古代天子祭宗庙完毕撤去祭

品时唱这首诗。彻:撤除。

③相维辟公,天子穆穆:《雍》中诗句。相,助祭的人。维,语助词,无意义。辟公,指诸侯。穆穆,形容端庄恭敬的仪态。

④堂:庙堂。

译文

仲孙、叔孙、季孙三家在祭祖完毕撤去祭品时,也命乐工唱《雍》这篇诗。孔子说:"《雍》诗中说:'助祭的是诸侯,主祭的天子端庄恭敬。'你们三家不过是大夫,列祖列宗也是大夫,怎么能在自己家庙堂上演唱《雍》呢?"

3.3 子曰:"人而不仁,如礼何?人而不仁,如乐何?"

译文

孔子说:"一个人没有仁德,怎么来遵循礼?一个人没有仁德,怎么会懂得音乐?"

3.4 林放①问礼之本。子曰:"大哉问!礼,与其奢也,宁俭。丧,与其易②也,宁戚③。"

注释

①林放:鲁国人。

②易:整治,这里是"治办丧事过重礼仪"的意思。

③戚:心中悲哀。

译文

林放问礼的本意是什么。孔子回答说:"你问的问题意义重大!礼的实行,与其奢侈,宁可节俭。至于丧礼,与其仪节上过度周备,宁可感情过度悲哀。"

3.5　子曰:"夷狄①之有君,不如诸夏②之亡③也。"

注释

①夷狄:古代对华夏族以外异族的泛称。

②诸夏:指中原地区的各诸侯国。

③亡:通"无"。古书中的"无"字多写作"亡"。

译文

孔子说:"夷狄虽然有君主,还不如中原各国没有君主呢。"

3.6　季氏旅①于泰山。子谓冉有②曰:

"女弗能救③与?"对曰:"不能。"子曰:"呜呼！曾谓泰山不如林放乎?"

注释

①旅:祭名。据礼制,唯有天子才能祭天下名山大川,诸侯则能祭封地内名山大川。季氏作为鲁大夫而祭泰山是僭越行为。

②冉有:姓冉,名求,字子有,生于公元前522年,孔子的弟子,比孔子小29岁,当时是季氏的家臣,所以孔子责备他。

③救:"劝阻"的意思,这里指阻止。

译文

季氏将祭泰山。孔子对冉有说:"你难道不能劝阻他吗?"冉有说:"不能。"孔子说:"唉！难道说泰山神还不如林放知礼吗?"

3.7 子曰:"君子无所争。必也射①乎！揖②让而升,下而饮。其争也君子。"

注释

①射:原意为射箭,此处指古代的射礼。
②揖:拱手行礼,表示尊敬。

译文

孔子说:"君子没有什么可与别人争的事情。如果有的话,那就是射箭比赛了。比赛时,先相互作揖谦让,然后上场。赛毕则下堂共同饮酒。这样的争才是君子之争。"

3.8 子夏问曰:"'巧笑倩兮,美目盼兮,素以为绚兮。'①何谓也?"子曰:"绘事后素②。"

曰:"礼后乎?"子曰:"起予者商也③!始可与言《诗》已矣。"

注　释

①巧笑倩兮,美目盼兮,素以为绚兮:前两句见《诗经·卫风·硕人》篇。倩,形容笑容美好动人。兮,语助词,相当于"啊"。盼,眼睛黑白分明。绚,色彩华丽。

②绘事后素:绘画时先以素色为底,后施五彩。一说绘画先布五彩,再用白色线条勾勒。今从前说。

③起予者商也:起,开启,发明;予,我,孔子自指;商,子夏名商。

译　文

子夏问孔子:"'美好的笑容真动人啊,眼睛的流转真妩媚啊,白净的脸上妆饰得真美丽啊。'这几句诗是什么意思呢?"孔子说:

"这是说先有白底,然后画上色彩。"

子夏又问:"那么,就是说礼形成于仁义之后吗?"孔子说:"商,你真是能阐发我的意思的人啊!现在可以同你谈论《诗经》了。"

3.9　子曰:"夏礼,吾能言之,杞①不足征②也;殷礼,吾能言之,宋③不足征也。文献④不足故也。足,则吾能征之矣。"

注　释

①杞:春秋时国名,国君是夏禹的后裔,在今河南杞县一带。
②征:证明。
③宋:春秋时国名,国君是商汤的后裔,在今河南商丘一带。
④文献:文,指典籍;献,指贤人。

译　文

孔子说:"夏朝的礼我能说出来,但是它的后代杞国却不足为证;殷朝的礼我能说出来,但它的后代宋国却不足为证。这都是杞、宋两国的典籍和贤者不足的缘故。如果有足够的典籍和贤者,那我就能引以为证了。"

3.10　子曰:"禘①,自既灌②而往者,吾不欲观之矣③。"

注 释

①禘:古代只有天子才可以举行的祭祀祖先的非常隆重的典礼。

②灌:禘礼中第一次献酒。

③吾不欲观之矣:我不愿意看了。

译 文

孔子说:"举行禘礼时,从第一次献酒以后,我就不愿意再看下去了。"

3.11 或问禘之说①。子曰:"不知也。知其说者之于天下也,其如示诸斯②乎!"指其掌。

注 释

①禘之说:说,理论,道理,规定;"禘之说"意为"关于禘祭的规定"。

②斯:指后面的"掌"字。

译 文

有人问孔子关于举行禘祭的道理。孔子说:"我不知道。如果知道这个道理的人治理天下,就会像把东西放在这上面一样容易吧!"他一面说一面指着手掌。

3.12 祭如在,祭神如神在。子曰:"吾不与祭,如不祭。"

译 文

孔子祭祖先时,好像祖先真在面前;祭神时,好像神真在面前。孔子说:"我如果不亲自参加祭祀,就会觉得像没有祭祀过一样。"

3.13 王孙贾①问曰:"与其媚②于奥③,宁媚于灶④,何谓也?"子曰:"不然。获罪于天,无所祷也。"

注 释

①王孙贾:卫灵公的大臣,时任大夫。

②媚:谄媚,巴结,奉承。

③奥:这里指屋内位居西南角的神。

④灶:这里指灶旁管烹饪做饭的神。灶神地位低,却能"上天言好事",也就是能通天。

译 文

王孙贾问道:"(人家都说)与其奉承奥神,不如奉承灶神。(这句话是当时的俗语,意思是说与其巴结地位高的人,不如巴结地位低但有实权的人)这两句话是什么意思?"孔子说:"这话不对。如果得罪了上天,那就没有地方可以祷告了。"

3.14 子曰:"周监①于二代②,郁郁③乎文哉!吾从周。"

注 释

①监:借鉴。

②二代:这里指夏、商两朝。

③郁郁:文采富盛。

译 文

孔子说:"周朝的礼仪制度借鉴于夏、商两朝,它所制定的礼乐仪制是多么丰富多彩啊!我主张遵从周朝的制度。"

3.15 子入大庙①,每事问。或曰:"孰谓鄹人之子②知礼乎?入大庙,每事问。"子闻之,曰:"是礼也。"

注 释

①大庙:开国君主的庙,这里指周公庙。大,同"太"。

②鄹：春秋时鲁国地名，又写作"陬"，在今山东曲阜附近。孔子的父亲叔梁纥当过鄹的大夫。"鄹人之子"指孔子。

译文

孔子到了周公庙，对每件事都发问。有人说："谁说此人懂得礼呀？他到了太庙里，什么事都要问别人。"孔子听到此话后说："这就是礼呀！"

3.16 子曰："射不主皮①，为力不同科②，古之道也。"

注释

①皮：用兽皮做成的箭靶子。
②科：等级。

译文

孔子说："射箭主要不在于穿透靶子，因为各人的力气大小不同，这是古人的道理。"

3.17 子贡欲去告朔①之饩羊②。子曰："赐也！尔爱③其羊，我爱其礼。"

注释

①告朔：朔，农历每月初一为朔日。告朔，古代制度，天子于每年秋冬之交把第二年的历书颁发给诸侯，告知每个月的初一日以及该年有无闰月。

②饩羊：祭祀用的活羊。

③爱：爱惜。

译文

子贡提出去掉每月初一日告祭祖庙用的活羊。孔子说："赐，你爱惜那只羊，我却爱惜那种礼。"

3.18 子曰："事君尽礼，人以为谄也。"

译文

孔子说："完完全全按照礼节去侍奉君主，别人却以为这是谄媚。"

3.19 定公①问："君使臣，臣事君，如之何？"孔子对曰："君使臣以礼，臣事君以忠。"

注释

①定公：鲁国国君，姓姬，名宋，谥号定，公元前509年～前495

年在位。

译 文

鲁定公问孔子:"君主应该怎样使唤臣子,臣子又应该怎样侍奉君主呢?"孔子回答说:"君主应该按照礼的要求去使唤臣子,臣子应该以忠心来侍奉君主。"

3.20 子曰:"《关雎》①乐而不淫,哀而不伤。"

注 释

①《关雎》:这是《诗经·国风》的第一篇,写一男子追求少女的情思。

译 文

孔子说:"《关雎》这篇诗,快乐而不放荡,忧愁而不哀伤。"

3.21 哀公问社①于宰我②。宰我对曰:"夏后氏以松,殷人以柏,周人以栗,曰:'使民战栗③。'"子闻之,曰:"成事不说,遂事不谏,既往不咎。"

注　释

①社：土地神，这里指社主，即为土地神所立的木制牌位。
②宰我：名予，字子我，孔子的学生。
③战栗：恐惧，发抖。

译　文

鲁哀公问宰我做土地神的社主应该用什么木头。宰我回答："夏朝用松木，商朝用柏木，周朝用栗木，意思是使百姓畏惧而战栗。"孔子听到后说："已经做过的事不用提了，已经完成的事不用再去劝阻了，已经过去的事也不必再追究了。"

3.22　子曰："管仲①之器小哉！"

或曰："管仲俭乎？"曰："管氏有三归②，官事不摄③，焉得俭？"

"然则管仲知礼乎？"曰："邦君树塞门④，管氏亦树塞门。邦君为两君之好，有反坫⑤，管氏亦有反坫。管氏而知礼，孰不知礼？"

注　释

①管仲：姓管，名夷吾，齐国人，春秋时期的法家先驱，齐桓公

的宰相,辅助齐桓公成为诸侯的霸主,公元前645年死。

②三归:其说甚多,一指按常例应缴纳给公家的市租;二指三处府第;三指管仲所筑台名;四指藏钱币的府库;五指地名,乃管仲采邑;六指娶三个女子。今取第一说。

③摄:兼任。

④塞门:在大门口筑的一道用来挡视线的屏墙,以别内外,相当于屏风、照壁等。按礼制,此为天子诸侯所用。

⑤反坫:古代君主招待别国国君时,放置献过酒的空杯子的土台。

译 文

孔子说:"管仲这个人的器量真是狭小呀!"

有人问:"管仲节俭吗?"孔子说:"管仲获取了本该缴纳公家的许多市租,他家里的管事也是一人一职而不兼任,怎么谈得上节俭呢?"

那人又问:"那么管仲知礼吗?"孔子回答:"国君在大门口设立屏墙,管仲也在大门口设立屏墙。国君为了两国之间的友好交往,设有反坫,管仲也设有反坫。如果说管仲知礼,那么还有谁不知礼呢?"

3.23 子语①鲁大师②乐,曰:"乐其可知也:始作,翕如③也;从④之,纯如⑤也,皦如⑥也,绎如⑦也,以成。"

注释

① 语：告诉，动词用法。
② 大师：乐官名。大，同"太"。
③ 翕如：形容乐声的和谐。
④ 从：同"纵"，意为"放纵、展开"。
⑤ 纯如：形容乐声的和谐。
⑥ 皦如：形容乐声的清晰。
⑦ 绎如：形容乐声的连绵不断。

译文

孔子把演奏音乐的过程告诉鲁国太师，说："奏乐的原理是这样的：演奏开始，乐声热烈振奋，随着演奏的继续，乐声纯净和谐，清晰明亮，连绵悠长，乐曲就这样完成了。"

3.24　仪封人①请见，曰："君子之至于斯也，吾未尝不得见也。"从者见之。出曰："二三子何患于丧②乎？天下之无道也久矣，天将以夫子为木铎③。"

注释

① 仪封人："仪"为地名，在今河南兰考县境内；封人，系镇守边

疆的官员。

②丧：失去，这里指失去官职。

③木铎：以木为舌的铜铃。古代天子发布政令时摇它以召集听众。这里比喻孔子将传道天下。

译 文

仪这个地方的长官请求见孔子，说："凡是君子到这里来，我从没有不相见的。"孔子的随从学生引他去见了孔子。他出来后对孔子的学生们说："你们几位哪里用得着为没有官位而发愁呢？天下无道的情况已经很久了，上天将要把你们老师当作木铎了。"

3.25　子谓《韶》①："尽美②矣，又尽善③也。"谓《武》④："尽美矣，未尽善也。"

注 释

①《韶》：舜时乐曲名。
②美：就乐曲的音调、舞蹈的形式而言。
③善：就乐舞的思想内容而言。
④《武》：周武王时乐曲名。

译 文

孔子讲到《韶》这一乐舞时说："音乐美极了，表现的内容也很好。"谈到《武》这一乐舞时说："音乐很美，但表现的内容却差一些。"

3.26 子曰:"居上不宽,为礼不敬,临丧不哀,吾何以观之哉?"

译文

孔子说:"居于上位不宽厚待人,施行礼仪不严肃恭敬,逢临丧事不悲戚哀伤,这种情况我怎么能看得下去呢?"

|里仁篇第四|

　　本篇包括二十六章,主要内容涉及义与利的关系问题、个人的道德修养问题、孝敬父母的问题以及君子与小人的区别。这一篇包含了儒家的若干重要范畴、原则和理论,对后世产生过较大影响。

4.1 子曰:"里仁为美①。择不处②仁,焉得知③?"

注 释

①里仁为美:里,居住,句意为"住在有仁者的地方才好"。
②处:居住。
③知:同"智"。

译 文

孔子说:"居住在有仁德风气的地方才是好的。如果你选择住处不选择有仁风的地方,怎么能说你是明智的呢?"

4.2 子曰:"不仁者不可以久处约①,不可以长处乐。仁者安仁②,知者利仁③。"

注 释

①约:穷困,困窘。
②安仁:安于仁道。
③利仁:行仁道有利于自己。

译 文

孔子说:"没有仁德的人不能长久地处在贫困中,也不能长久地处在安乐中。仁人是安于仁道的,有智慧的人知道行仁道对自己有利。"

4.3 子曰:"唯仁者能好①人,能恶②人。"

注 释

①好:"喜爱"的意思,作动词。
②恶:憎恶、讨厌,作动词。

译 文

孔子说:"只有那些有仁德修养的人,才能真正喜爱好人,也能真正厌恶坏人。"

4.4 子曰:"苟①志于仁矣,无恶也。"

注 释

①苟:如果。

译 文

孔子说:"如果立志于仁德,就没有恶行了。"

4.5 子曰:"富与贵,是人之所欲也;不

以其道得之，不处也。贫与贱，是人之所恶也；不以其道得①之，不去也。君子去仁，恶乎②成名？君子无终食③之间违仁，造次④必于是，颠沛必于是。"

注　释

①得：或以为"去"字之误。今仍据原文译之。
②恶乎：哪里。恶，疑问代词，何，怎么。
③终食：一顿饭时间。
④造次：匆忙，仓促。

译　文

孔子说："财富和权贵是人人都想要得到的，但不用正当的方法得到它，君子不会去享有这样的富贵。贫穷与卑贱是人人都厌恶的，但不用正当的方法去摆脱它，君子不会去摆脱这样的贫贱。君子如果丧失了仁德，又怎么能成就声名？君子即使是一顿饭的片刻时间也不会违背仁德，虽仓猝急迫也一定实行仁德，虽颠沛流离也一定实行仁德。"

4.6　子曰："我未见好①仁者，恶②不仁者。好仁者，无以尚③之；恶不仁者，其为仁矣,不使不仁者加乎其身。有能一日用其力于仁矣乎?我未见力不足者。盖④有之矣,我未之见⑤也。"

注释

①好:喜爱。

②恶:讨厌,憎恨。

③尚:超过。

④盖:发语词,有"大概"的意思。

⑤未之见:"未见之"的倒装。

译文

孔子说:"我没有见过爱好仁德的人和厌恶不仁的人。爱好仁德的人,很好,无人可以比拟;厌恶不仁的人,在实行仁德的时候,不让不仁德的人影响自己,而且要想办法感化他,把他改变过来。仁是很难的修养,有人能在一天当中用心处世完全合于仁道的吗?只要立志,没有说因力量小而达不到仁的境界的。也许有力量不足而达不到的,但我还从来没有看到过这种情形。"

4.7 子曰:"人之过也,各于其党①。观过,斯②知仁矣。"

论语

注释

①于:同"与";党:类别。
②斯:就。

译文

孔子说:"人的过失,可以各自归入不同的类别。只要审查那人的过失,就能知道他是哪一种人了。"

4.8　子曰:"朝闻道,夕死可矣。"

译文

孔子说:"早晨得知了道,就是当天晚上死去也心甘。"

4.9　子曰:"士①志于道,而耻恶衣恶食者,未足与议也。"

注释

①士:指知识分子、读书人。

译文

孔子说:"士人有志于真理,但又以自己吃穿得不好为耻辱,对这种人,不值得与他谈论真理。"

4.10　子曰："君子之于天下也,无适^①也,无莫^②也,义之与比^③。"

注　释

①适:专主。或说"适"通"敌","敌对"的意思。今从前说。

②莫:不肯。或说"莫"通"慕",羡慕,与上句"敌对"意相对。今从前说。

③比:附从,合。

译　文

孔子说:"君子对于天下之事,没有必定要这样做的,也没有必定不这样做的,所做唯求合乎义。"

4.11　子曰："君子怀德,小人怀土;君子怀刑,小人怀惠。"

译　文

孔子说:"君子心怀道德,小人心怀乡土;君子心怀法度,小人心怀恩惠。"

4.12　子曰："放^①于利而行,多怨^②。"

注 释

①放：同"仿"，依据。
②怨：怨恨。

译 文

孔子说："基于个人利益而做人做事，必定招致很多怨恨。"

4.13 子曰："能以礼让为国乎，何有^①？不能以礼让为国，如礼何^②？"

注 释

①何有：意为"何难之有"，即"不难"的意思。
②如礼何：对礼怎么办？

译 文

孔子说："能够用礼让原则来治理国家吗？这有什么困难呢？不能用礼让原则来治理国家，那对礼怎么办呢？"

4.14 子曰："不患无位，患所以立。不患莫己知，求^①为可知也。"

注 释

①求:追求。

译 文

孔子说:"不怕没有官位,就怕自己没有学到任职的本领。别怕没有人知道自己,只要自己能成为有真才实学的人,别人自然就知道你了。"

4.15 子曰:"参①乎!吾道一以贯②之。"曾子曰:"唯③。"子出,门人问曰:"何谓也?"曾子曰:"夫子之道,忠恕④而已矣。"

注 释

①参:即曾参。

②贯:贯穿,贯通。

③唯:是的,答应的话。

④忠:忠心耿耿;恕:宽厚仁慈。

译 文

孔子说:"参啊,我讲的道是由一个基本思想贯彻始终的。"曾子说:"是的。"

孔子出去之后,其他学生便问曾子:"这是什么意思?"曾子说:"老师的道,就是'忠恕'二字呀。"

4.16　子曰:"君子喻^①于义,小人喻于利。"

注　释

①喻:明白,懂得。

译　文

孔子说:"君子明白大义,小人只知道小利。"

4.17　子曰:"见贤思齐焉,见不贤而内自省也。"

译　文

孔子说:"见到贤人,就应该向他学习、看齐;见到不贤的人,就应该自我反省(自己有没有与他相类似的错误)。"

4.18　子曰:"事父母几^①谏,见志不从,又敬不违,劳^②而不怨。"

注 释

①几:"轻微、婉转"的意思。
②劳:忧愁。

译 文

孔子说:"侍奉父母时,如果发现父母有不对的地方,要委婉地劝说他们。自己表达了意见,见父母心里不愿听从,还是要恭恭敬敬地顺从他们。虽然内心充满忧愁,但也不能怨恨他们。"

4.19 子曰:"父母在,不远游①,游必有方②。"

注 释

①游:指游学、游官、经商等外出活动。
②方:地方,处所。

译 文

孔子说:"父母在世,不远离家乡,如果不得已要出远门,也必须有确切的地方,保证安全,让父母放心。"

4.20 子曰:"三年无改于父之道,可谓孝矣。"①

【注 释】

①本章内容见于《学而篇》第十一章,此处略。

4.21 子曰:"父母之年,不可不知也。一则以喜,一则以惧。"

【译 文】

孔子说:"父母的年龄,不可不知道,并且要常常记在心里。一方面为他们的高寿而欢喜,一方面又为他们的衰老而忧惧。"

4.22 子曰:"古者言之不出,耻躬之不逮也①。"

【注 释】

①耻:以为耻辱;躬:自身;逮:追上。

【译 文】

孔子说:"古代人不轻易把话说出口,因为他们以自己做不到为可耻啊。"

4.23 子曰:"以约①失之者,鲜矣!"

注释

①约：约束，这里指“约之以礼”。

译文

孔子说：“用礼来约束自己，这样犯错误的情况就很少了。”

zǐ yuē jūn zǐ yù nè yú yán ér mǐn yú xíng

4.24 子曰：“君子欲讷①于言而敏②于行。”

注释

①讷：言语迟钝。

②敏：“敏捷、快速”的意思。

译文

孔子说：“君子说话要谨慎，而行动要敏捷。”

zǐ yuē dé bù gū bì yǒu lín

4.25 子曰：“德不孤，必有邻。”

译文

孔子说：“有道德的人是不会孤单的，一定会有思想一致的人与他相处。”

zǐ yóu yuē shì jūn shuò sī rǔ yǐ

4.26 子游曰：“事君数①，斯②辱矣。

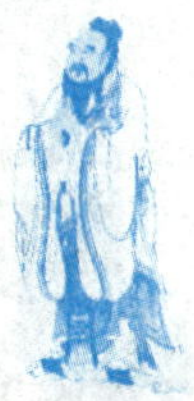

朋péng友yǒu数shuò，斯sī疏shū矣yǐ。"

注 释

①数：屡次、多次，引申为"烦琐"的意思。
②斯：就。

译 文

子游说："侍奉君主，如果进谏不听，就应该停止；如果三番五次进谏不已，就要遭受耻辱了。劝告朋友，如果朋友不听，就应该停止；如果三番五次地劝告不已，就会被疏远。"

公冶长篇第五

本篇共计二十八章,内容以谈论仁德为主。在本篇里,孔子和他的弟子们从各个侧面探讨仁德的特征。此外,本篇著名的句子有"朽木不可雕也,粪土之墙不可杇也""听其言而观其行""敏而好学,不耻下问""三思而后行"等。这些思想对后世产生过较大影响。

5.1 子谓公冶长①："可妻②也。虽在缧绁③之中，非其罪也。"以其子④妻之。

注释

①公冶长：姓公冶，名长，齐国人，孔子的弟子。

②妻：以女嫁人，这里当动词用。

③缧绁：捆绑犯人用的绳索，这里借指牢狱。

④子：古时无论儿、女均称子，这里指女儿。

译文

孔子评论公冶长说："可以把女儿嫁给他。他虽然曾被关入牢狱，但这并不是他的罪过呀。"于是，孔子就把自己的女儿嫁给了他。

5.2 子谓南容①："邦有道②，不废③；邦无道，免于刑戮④。"以其兄之子妻之。

注释

①南容：姓南宫，名适（音kuò），字子容，孔子的学生，通称他为南容。

②道：孔子这里所讲的"道"，是说国家的政治符合最高和最好的原则。

③废:废置,不任用。

④刑戮:刑罚。

译文

孔子评论南容说:"国家政治清明,他不会被废弃不用;国家政治黑暗,他也可以免去刑戮。"于是把自己的侄女嫁给了他。

5.3　子谓子贱①:"君子哉若人②!鲁无君子者,斯焉取斯③?"

注释

①子贱:姓宓(音 mì),名不齐,字子贱。

②若人:这个,此人。

③斯焉取斯:第一个"斯"字指子贱,第二个"斯"字指品德。

译文

孔子评论子贱说:"这个人真是个君子呀!如果鲁国没有君子的话,他从哪里学得这样的品德呢?"

5.4　子贡问曰:"赐也何如?"子曰:"女,器也。"曰:"何器也?"曰:"瑚琏①也。"

注 释

①瑚琏:古代祭祀时盛粮食用的贵重礼器。

译 文

子贡问孔子:"我这个人怎么样?"孔子说:"你呀,好比一个器具。"子贡又问:"是什么器具呢?"孔子说:"是瑚琏。"

5.5 或曰:"雍①也仁而不佞②。"子曰:"焉用佞?御人以口给③,屡憎于人。不知其仁,焉用佞?"

注 释

①雍:姓冉,名雍,字仲弓,孔子的学生。
②佞:能言善辩,有口才。
③口给:口才敏捷。

译 文

有人说:"冉雍这个人有仁德但不善辩。"孔子说:"何必要能言善辩呢?靠伶牙俐齿和人辩论,常常招致别人的讨厌。我不知道冉雍是否可称为仁,但何必要有口才呢?"

5.6 子使漆雕开①仕。对曰:"吾斯之

未能信。"子说②。

注释

①漆雕开:姓漆雕,名开,字子开,一说字子若,生于公元前540年,孔子的门徒。

②说:同"悦"。

译文

孔子让漆雕开去做官。漆雕开回答说:"我对做官这件事还没有信心。"孔子听了很高兴。

5.7　子曰:"道不行,乘桴①浮于海。从②我者,其由与?"子路闻之喜。子曰:"由也好勇过我,无所取材。"

注释

①桴:竹木制的小筏子。

②从:跟随,随从。

译文

孔子说:"如果我的主张不能实行,我就乘上木筏子到海外去。到那时能跟从我的大概只有仲由吧!"子路听到这话很高兴。孔子说:"仲由啊,你的勇气超过了我,但这是不足取的。"

5.8 孟武伯问:"子路仁乎?"子曰:"不知也。"又问。子曰:"由也,千乘之国,可使治其赋①也。不知其仁也。"

"求也何如?"子曰:"求也,千室之邑②,百乘之家③,可使为之宰④也。不知其仁也。"

"赤⑤也何如?"子曰:"赤也,束带立于朝⑥,可使与宾客⑦言也。不知其仁也。"

注 释

①赋:指军队。

②千室之邑:邑是古代居民的聚居点,大致相当于后来的城镇;"千室之邑"即有一千户人家的大邑。

③百乘之家:指卿大夫的采地,当时大夫有车百乘,是采地中的较大者。

④宰:家臣。

⑤赤:姓公西,名赤,字子华,生于公元前509年,孔子的学生。

⑥束带立于朝：指穿着礼服立于朝廷之上。

⑦宾客：指一般客人和来宾。

译　文

孟武伯问孔子："子路有仁德吧？"孔子说："我不知道。"孟武伯又问。孔子说："仲由嘛，在拥有一千辆兵车的国家里，可以让他管理军事，但我不知道他的才德是不是达到了仁。"

孟武伯又问："冉求这个人怎么样？"孔子说："冉求这个人，可以让他在一个有千户人口的公邑或有一百辆兵车的采邑里当总管，但我也不知道他的才德是不是达到了仁。"

孟武伯又问："公西赤又怎么样呢？"孔子说："公西赤嘛，可以让他穿着礼服，站在朝廷上接待宾客，我也不知道他的才德是不是达到了仁。"

5.9　子谓子贡曰："女与回也孰愈①？"对曰："赐②也何敢望回？回也闻一以知十，赐也闻一以知二。"子曰："弗③如也，吾与④女弗如也。"

论语

注　释

①回：颜回。孰：谁。愈：胜过，超过。

②赐：子贡名。

③弗:不。

④与:连词,和。一说赞同,即赞许子贡不如颜回的自我评价。今取前说。

> 译　文

孔子对子贡说:"你和颜回相比,谁更强一些呢?"子贡回答说:"我怎么敢和颜回相比呢?颜回他听到一件事就可以推知十件事。我呢,知道一件事,只能推知两件事。"孔子说:"是不如他呀,我和你一样都不如他。"

5.10　宰予昼寝。子曰:"朽木不可雕也,粪土①之墙不可杇②也。于予与何诛③?"子曰:"始吾于人也,听其言而信其行;今吾于人也,听其言而观其行。于予与改是。"

> 注　释

①粪土:腐土,脏土。

②杇:抹墙用的抹子,这里指用抹子粉刷墙壁。

③诛:责备,批评。

> 译　文

宰予在白天睡觉。孔子说:"腐朽的木头无法雕刻,粪土垒的墙壁无法粉刷。对于宰予这个人,责备还有什么用呢?"孔子又说:"起初我对于别人,是听了他说的话便相信他的行为;现在我对于别人,听了他讲的话还要观察他的行为。是宰予让我有了这样的改变。"

5.11　子曰:"吾未见刚者。"或对曰:"申枨①。"子曰:"枨也欲,焉得刚?"

【注　释】

①申枨:姓申,名枨,字周,孔子的学生。

【译　文】

孔子说:"我没有见过刚强不屈的人。"有人回答说:"申枨就是这样的人。"孔子说:"申枨这个人欲望太多,哪里能刚强不屈?"

5.12　子贡曰:"我不欲人之加诸我也①,吾亦欲无加诸人。"子曰:"赐也,非尔所及也。"

【注　释】

①诸:"之于"的合音;"加诸我"即强加于我。

译 文

子贡说:"我不愿别人强加于我的事,我也不愿强加在别人身上。"孔子说:"赐呀,这就不是你所能做到的了。"

5.13 子贡曰:"夫子之文章①,可得而闻也。夫子之言性②与天道③,不可得而闻也。"

注 释

①文章:这里指孔子传授的诗、书、礼、乐等。
②性:人性。
③天道:天命。《论语》中孔子多处讲到天和命,但不见有孔子关于天道的言论。

译 文

子贡说:"老师讲授的礼、乐、诗、书的知识,我们能够听到。老师讲授的人性和天道的理论,我们就听不到了。"

5.14 子路有闻,未之能行,唯恐有闻。

译 文

子路听到一种道理,如果还没能去实行,便只怕又听到新的道理。

5.15 子贡问曰:"孔文子①何以谓之'文'也?"子曰:"敏②而好学,不耻下问,是以谓之'文'也。"

注　释

①孔文子:卫国大夫孔圉(音 yǔ),"文"是其谥号,"子"是尊称。
②敏:敏捷,勤勉。

译　文

子贡问道:"为什么给孔文子一个'文'的谥号呢?"孔子说:"他聪敏勤勉而好学,不以向比他地位卑下的人请教为耻,所以给他谥号叫'文'。"

5.16 子谓子产①:"有君子之道四焉:其行己也恭,其事上也敬,其养民也惠,其使民也义。"

注　释

①子产:姓公孙,名侨,字子产,郑国大夫,做过正卿,是郑穆公

的孙子,为春秋时郑国的贤相。

> **译 文**

孔子评论子产说:"他有君子的四种道德:他自己行为庄重谦逊,他侍奉君主恭敬有礼,他养护民众有恩惠,他役使百姓有法度。"

5.17 子曰:"晏平仲①善与人交,久而敬之②。"

> **注 释**

①晏平仲:齐国的贤大夫,名婴。《史记》卷六十二有他的传记。"平"是他的谥号。
②久而敬之:"之"在这里指代晏平仲。

> **译 文**

孔子说:"晏平仲善于与人交朋友,相识越久,人们越敬重他。"

5.18 子曰:"臧文仲①居蔡②,山节藻棁③,何如其知④也?"

> **注 释**

①臧文仲:姓臧孙,名辰,"文"是他的谥号,因不遵守周礼,被

孔子指责为"不仁""不智"。

②居：这里作及物动词用，"使之居住"的意思。蔡：国君用以占卜的大龟。"蔡"这个地方产龟，所以把大龟叫作"蔡"。

③山节藻棁：节，柱上的斗拱；棁，房梁上的短柱。把斗拱雕成山形，在棁上绘以水草花纹，这是古时装饰天子宗庙的做法。

④知：同"智"。

译文

孔子说："臧文仲把一只大乌龟养在屋子里，乌龟的居室有雕刻成山形的斗拱和绘有藻草的梁上短柱，他的聪明怎么是这个样呢？"

5.19 子张问曰："令尹子文①三仕为令尹，无喜色；三已②之，无愠色。旧令尹之政，必以告新令尹。何如？"子曰："忠矣。"曰："仁矣乎？"曰："未知，焉得仁？"

"崔子③弑④齐君⑤，陈文子⑥有马十乘，弃而违之。至于他邦，则曰：'犹吾大夫崔子也。'违之。之一邦，则又曰：'犹吾大夫崔子也。'违之。何如？"子曰："清矣。"曰："仁矣乎？"曰："未知，焉得仁？"

注　释

①令尹子文：令尹，楚国的官名，相当于宰相；子文是楚国著名的宰相。

②三已：三，指多次；已，罢免。

③崔子：齐国大夫崔杼，曾杀死齐庄公，在当时引起极大反应。

④弑：地位在下的人杀了地位在上的人。

⑤齐君：指被崔杼所杀的齐庄公。

⑥陈文子：齐国的大夫，名须无。

译　文

子张问孔子说："令尹子文数次担任令尹，没有显出高兴的样子；数次被免职，也没有显出怨恨的样子。他每一次被免职一定把自己的一切政事全部告诉给来接任的新令尹。你看这个人怎么样？"孔子说："可算得是忠了。"子张问："算得上仁了吗？"孔子说："不知道，但怎么能算仁呢？"

子张又问："崔子杀了他的君主齐庄公，陈文子家有四十匹马，都舍弃不要了，离开了齐国。到了另一个国家，他说：'这里的执政者也和我们齐国的大夫崔子差不多。'就离开了。再到一个国家，又说：'这里的执政者也和我们的大夫崔子差不多。'又离开了。这个人你看怎么样?"孔子说:"可算得上清高了。"子张说:"可说是仁了吗?"孔子说:"不知道,但怎么能算仁呢?"

5.20 季文子①三思而后行。子闻之,曰:"再,斯②可矣。"

注 释

①季文子:姓季孙,名行父,鲁成公、鲁襄公时任正卿,"文"是他的谥号。

②斯:就。

译 文

季文子每做一件事都要考虑多次。孔子听到了,说:"考虑两次就行了。"

5.21 子曰:"宁武子①,邦有道,则知;邦无道,则愚②。其知可及也,其愚不可及也。"

注 释

①宁武子:姓宁,名俞,卫国大夫,"武"是他的谥号。

②愚:这里是"装傻"的意思。

译 文

孔子说:"宁武子这个人,当国家政治清明时,就很聪明;当国家政治危乱时,他就装傻。他的那种聪明别人可以做得到,他的那种装傻别人就做不到了。"

5.22 子在陈①,曰:"归与!归与!吾党之小子②狂简③,斐然④成章,不知所以裁⑤之。"

注 释

①陈:古国名,大约在今河南东部和安徽北部一带。

②吾党之小子:古代户籍编制单位,以五百家为党,"吾党"意即"我的故乡";小子,指孔子在鲁国的学生。

③狂简:志向远大;简,大。

④斐然:斐,有文采的样子。

⑤裁:裁剪,这里指对人才的教育培养。

译 文

孔子在陈国,说:"回去吧!回去吧!我家乡的学生怀有远大志向,文采斐然可观,我不知怎样去造就他们。"

5.23 子曰:"伯夷、叔齐①不念旧恶②,

怨是用希③。"

注释

①伯夷、叔齐：殷朝末年孤竹君的两个儿子。父亲死后，二人互相让位，都逃到周文王那里。周武王起兵伐纣，他们认为这是以臣弑君，是不忠不孝的行为，曾加以拦阻。周灭商统一天下后，他们以吃周朝的粮食为耻，逃进深山中以野草充饥，饿死在首阳山中。

②恶：仇恨。

③希：同"稀"。

译文

孔子说："伯夷、叔齐两个人不记人家过去的仇恨，因此别人对他们的怨恨也就很少。"

5.24　子曰："孰谓微生高①直？或乞醯②焉，乞诸其邻而与之。"

注释

①微生高：姓微生，名高，鲁国人，当时人们认为他为人直率。

②醯：醋。

译 文

孔子说:"谁说微生高这个人直率?有人向他讨点醋,他不直说没有,却暗地到邻居家里讨了点给人家。"

5.25 子曰:"巧言、令色、足恭①,左丘明②耻之,丘亦耻之。匿怨而友其人,左丘明耻之,丘亦耻之。"

注 释

①足恭:过分恭敬。

②左丘明:姓左丘,名明,鲁国人,相传是《左传》一书的作者。

译 文

孔子说:"花言巧语,容色伪善,过度恭顺,这种态度,左丘明认为可耻,我也认为可耻。把怨恨装在心里,表面上却装出友好的样子,这种行为,左丘明认为可耻,我也认为可耻。"

5.26 颜渊、季路侍①。子曰:"盍②各言尔志。"

子路曰:"愿车马衣轻裘与朋友共,敝之

而无憾。"

颜渊曰:"愿无伐③善,无施劳④。"

子路曰:"愿闻子之志。"

子曰:"老者安之,朋友信之,少者怀之⑤。"

注释

①侍:服侍,站在旁边陪着尊贵者叫侍。

②盍:何不。

③伐:夸耀。

④施劳:施,显耀;劳,功劳。

⑤少者怀之:使年轻人怀念我。

译文

颜渊、季路两人侍立在孔子身边。孔子说:"你们何不各自说说自己的志向?"

子路说:"我愿意拿出自己的车马、衣服、皮袍,同我的朋友共同使用,用坏了也不抱怨。"

颜渊说:"我愿不夸耀自己的好处,不显扬自己的功劳。"

子路对孔子说:"我们也想听听您的志向。"

孔子说:"我的志向是使老人得到安逸,让朋友们信任我,让年轻人怀念我。"

5.27 子曰:"已矣乎!吾未见能见其过而内自讼者也。"

译 文

孔子说:"算了吧!我还没有看见过能够看到自己的过错而又能在内心自责的人。"

5.28 子曰:"十室之邑①,必有忠信如丘者焉,不如丘之好学也。"

注 释

①邑:指居民点、城邑,人数不等。"十室之邑"是指人数最少的居民点。

译 文

孔子说:"即使只有十户人家聚居的地方,也一定有像我这样忠心诚实的人,只是不如我那样好学罢了。"

雍也篇第六

本篇包括三十章，主要涉及"中庸之道""恕"的学说、"文质"思想等内容，如"中庸之为德也，其至矣乎"，认为中庸之道是最高的道德。"质胜文则野，文胜质则史。文质彬彬，然后君子"，孔子提出了"文质彬彬"的著名论述，指出了文与质的正确关系和君子的人格模式。从本篇中可以看出孔子对弟子颜回的评价极高，赞扬其"好学""不违仁"，颜回之乐更是孔子及后人极为推崇的生活境界："贤哉，回也，一箪食，一瓢饮，在陋巷，人不堪其忧，回也不改其乐。"这是一种不因外界物质缺乏而改变内心快乐的境界。本篇对于为官者的素质更是提出了更高的要求，如通过季康子和孔子的对话，可以看出孔子认为仲由具有"果、达、毅"等素质，完全可以胜任官职。本篇的名句很多，如"知之者不如好之者，好之者不如乐之者""君子博学于文，约之以礼""夫仁者，己欲立而立人，己欲达而达人。能近取譬，可谓仁之方也已""人之生也直，罔之生也幸而免""中人以上，可以语上也；中人以下，不可以语上也"等。

6.1 子曰:"雍也①,可使南面②。"

> **注　释**

①雍也:孔子的学生,即冉雍。

②南面:古代以坐北朝南为尊位,帝王、诸侯、卿大夫听政皆面南而坐,这里指诸侯之位。

> **译　文**

孔子说:"冉雍这个人可以让他担起一国君王之任。"

6.2 仲弓①问子桑伯子②。子曰:"可也,简③。"

仲弓曰:"居敬④而行简⑤,以临⑥其民,不亦可乎?居简而行简,无乃⑦大⑧简乎?"

子曰:"雍之言然。"

> **注　释**

①仲弓:即冉雍,"仲弓"为他的字。

②子桑伯子:人名,此人生平不可考。

③简:简单,简要,不烦琐。

④居敬：为人严肃认真，依礼严格要求自己。

⑤行简：指推行政事简而不繁。

⑥临：面对，面临，这里有"治理"的意思。

⑦无乃：用于反问，岂不是。

⑧大：同"太"。

译 文

仲弓问到子桑伯子这个人怎么样。孔子说："他办事简要，是不错的。"

仲弓说："如果内心严肃认真而办事简约，像这样来治理百姓，不是也可以的吗？如果是内心疏简而又办事简约，岂不是太简单了吗？"孔子说："冉雍，你这话说得对。"

6.3 哀公问："弟子孰为好学？"孔子对曰："有颜回者好学，不迁怒①，不贰过②。不幸短命死矣③。今也则亡④，未闻好学者也。"

论 语

注 释

①不迁怒：不把怒气发泄到别人身上。

②不贰过："贰"是重复，一再，这里是说不犯同样的错误。

③死矣：颜渊死于鲁哀公十四年。

④亡：同"无"。

译 文

鲁哀公问孔子："你的弟子谁最好学呢？"孔子回答说："有一个叫颜回的好学，他从不迁怒于人，不犯相同的错误，可惜已经死了！现在就没有了，我没再听到有好学的人了。"

6.4 子华①使②于齐，冉子③为其母请粟④。子曰："与之釜⑤。"

请益⑥。曰："与之庾⑦。"

冉子与之粟五秉⑧。

子曰："赤之适⑨齐也，乘肥马，衣⑩轻裘。吾闻之也：君子周⑪急不继⑫富。"

注 释

①子华：姓公西，名赤，字子华，孔子的学生。

②使：出使。

③冉子：即冉求，春秋末鲁国人，字子有，通称为"冉有"。

④粟：在古文中，粟与米连用时，粟指带壳的谷粒，去壳以后叫米；粟字单用时，就指米。

⑤釜：古代量器名称，一釜等于六斗四升。

⑥益：增加。

⑦庾：古代量名，一庾等于二斗四升。

⑧秉：古代量名，一秉合十六斛，一斛合十斗。

⑨适：往，去。

⑩衣：作动词，穿。

⑪周：周济，救济。

⑫继：增益。

译文

公西赤出使齐国，冉求替公西赤的母亲向孔子请求给予一些谷米。孔子说："给她六斗四升吧。"

冉求请求增加一些。孔子说："那就再给她添二斗四升吧。"

结果冉求给了公西赤的母亲八百斗的口粮。

孔子说："公西赤这次出使齐国，坐着壮马驾的车，穿着轻柔的皮袍。我听说，君子只周济急需救助的人，而不周济富人。"

6.5　原思①为之宰②，与之粟九百③，辞。子曰："毋，以与尔邻里乡党④乎！"

注释

①原思：姓原，名宪，字子思，鲁国人，孔子的学生，生于公元前515年。孔子在鲁国任司法官的时候，原思曾做他家的总管。

②宰：家宰，管家。

③九百：其后没有量名，或说斛，或说斗。

④邻里乡党：古代以五家为邻，二十五家为里，一万两千五百家为乡，五百家为党。此处指原思的同乡，或家乡周围的百姓。

译文

原宪在孔子家任总管，孔子给他谷米九百，他嫌多推辞不要。孔子说："不要推辞，如果有多余可以接济你的邻里乡亲啊！"

6.6 子谓仲弓，曰："犁牛①之子骍且角②，虽欲勿用③，山川其舍诸④？"

注释

①犁牛：耕牛。

②骍且角：骍是红色；祭祀用的牛，毛色为红，角长得端正。

③用：用于祭祀。

④其舍诸：其，怎么会；舍，舍弃；诸，"之于"二字的合音。这句话比喻仲弓虽然出身卑贱，但是有真才实学就不会被舍弃。

译文

孔子评论仲弓时说："耕牛产下全身通红两角端正的小牛，即使人们不想用它祭献神灵，但山川之神难道会舍弃它吗？"

6.7 子曰："回也，其心三月①不违仁，其余则日月②至③焉④而已矣。"

注 释

①三月：约数，"长久"的意思。

②日月：这里泛指时间，"短期"的意思。

③至：做到。

④焉：代词，指仁德。

译 文

孔子说："颜回呀！他的心可以做到长久地不违背仁德，其他的人只能在短期内做到仁义而已。"

6.8 季康子①问："仲由可使从政也与②？"子曰："由也果③，于从政乎何有④？"

曰："赐⑤也可使从政也与？"曰："赐也达，于从政乎何有？"

曰："求也可使从政也与？"曰："求也艺⑥，于从政乎何有？"

注 释

①季康子：曾任鲁国正卿，孔子的学生冉求曾帮助他推行革新。

②与：同"欤"。

③果：果断，决断。

④何有：何难之有，即有什么困难。

⑤赐：端木赐，孔子的学生。

⑥艺：才能，才艺。

译 文

季康子问道："仲由可以让他治理政事吗？"孔子说："仲由果敢决断，让他治理政事有什么困难呢？"

季康子又问："子贡可以让他治理政事吗？"孔子回答说："子贡通达事理，让他治理政事有什么困难呢？"

季康子再问："冉求可以让他治理政事吗？"孔子说："冉求多才多艺，让他治理政事有什么困难呢？"

6.9 季氏使闵子骞①为费②宰。闵子骞曰："善为我辞焉！如有复我③者，则吾必在汶上④矣。"

注 释

①闵子骞：姓闵，名损，字子骞，鲁国人，孔子的学生，相传是著名的孝子。

②费：季氏的封地，在今山东费县一带。因为季氏不愿归顺鲁国，他的封邑总管与他作对，所以他想请闵子骞去做总管。

③复我：再来召我。

④汶上：水名，今山东大汶河，当时流经齐、鲁两国。古代水的北面为阳，凡是说某水之上，就是说在水之北。汶上，即汶水以北，这里暗指齐国。

译 文

季氏派人请闵子骞做费地的总管。闵子骞告诉来人说："请替我好好地辞谢吧！如果还来召我，那么我就一定会逃到汶水北面去。"

6.10 伯牛①有疾，子问②之，自牖③执其手，曰："亡之④，命矣夫⑤！斯人也而有斯疾也！斯人也而有斯疾也！"

论语

注 释

①伯牛：孔子的学生，姓冉，名耕，字伯牛，鲁国人，是个有德行

的人,传说患了当时无法治愈的麻风病。

②问:这里是"探望"的意思。

③牖:窗户。

④亡之:一作"丧失"解,一作"死亡"解。

⑤夫:表感叹的语气词,相当于"吧"。

译文

冉伯牛生病,孔子去看望他,从窗户伸手进去,拉着伯牛的手说:"要失去这个人了,这真是命啊!这么好的人竟得这样的病!这么好的人竟得这样的病!"

6.11 子曰:"贤哉,回也,一箪^①食,一瓢饮,在陋巷^②,人不堪其忧,回也不改其乐。贤哉,回也。"

注释

①箪:古代盛饭用的竹器。

②巷:此处指颜回的住处。

译文

孔子说:"真正品质高尚的人,是颜回啊!一盒饭,一瓢水,居住在简陋的小屋子里,一般的人都忍受不了这种贫困的生活,颜回却不因此改变自己的快乐。颜回的品质是多么高尚啊！"

6.12 冉求曰："非不说①子之道，力不足也。"子曰："力不足者②，中道而废。今女③画④。"

注　释

①说：同"悦"，喜欢。

②者：表示停顿的语气词，有时还可表示假设。

③女：同"汝"，"你"的意思。

④画：停止。

译　文

冉求说："我不是不喜欢老师的学说，是我能力不够啊。"孔子说："所谓的能力不足，是走到半路走不动了。现在是你自己还没有用力就停止不前了。"

6.13 子谓子夏曰："女为君子儒①，无为小人儒！"

注　释

①君子儒：指通晓周礼典章制度、道德品质高尚的儒者，反之

为"小人儒"。

译 文

孔子对子夏说:"你应该做君子式的儒者,不要做小人式的儒者。"

6.14 子游为武城①宰。子曰:"女得人焉尔乎②?"曰:"有澹台灭明③者,行不由径④,非公事,未尝至于偃⑤之室也。"

注 释

①武城:鲁国小城邑,在今山东费县境内。

②焉尔乎:这三个字都是语助词,相当于"于此"。

③澹台灭明:姓澹台,名灭明,字子羽,武城人。

④径:小路,引申为不正当的途径。

⑤偃:即子游,这里他自称其名。

译 文

子游担任武城邑宰。孔子说:"你在这儿得到什么人才没有?"子游说:"有一个叫澹台灭明的人,他走路不穿小道捷径,如不是公事,从不到我屋里来。"

6.15 子曰:"孟之反①不伐②,奔③而殿④,将入门⑤,策⑥其马,曰:'非敢后也,马不进也。'"

注 释

①孟之反:姓孟,名侧,字之反,《左传》作"孟子侧",鲁国大夫。

②伐:夸耀功劳。

③奔:败走。

④殿:殿后,行军时在全军最后做掩护。

⑤门:指城门。

⑥策:这里作动词,"鞭打"的意思。

译 文

孔子说:"孟之反不喜欢自夸,和军队一起败退时他留在最后做掩护,要进城门的时候,他却鞭打自己的马说:'不是我敢殿后,而是我的马跑不快啊!'"

6.16　子曰:"不有祝鮀①之佞②,而有宋朝③之美,难乎免于今之世矣。"

注 释

①祝鮀:字子鱼,卫国大夫,有口才,因能言善辩而受到卫灵公重用。

②佞：口才好，能言善辩。

③宋朝：宋国的公子朝，容颜美丽。

译 文

孔子说："如果没有祝鮀的口才，而有宋朝的美貌，是很难在这样的社会里避免灾祸的。"

6.17　子曰："谁能出不由户①，何莫②由斯道③也？"

注 释

①户：屋门。

②何莫：何不。

③斯道：这条路，即孔子主张的仁义之道。

译 文

孔子说："谁能不经过门户走到屋外去呀？可为什么没有人走仁义之道呢？"

6.18　子曰："质①胜文②则野③，文胜质则史④。文质彬彬⑤，然后君子。"

注 释

①质:朴实。

②文:文采,华丽的装饰,外在的形式、礼仪。

③野:此处指粗鲁、野蛮。

④史:本指掌管礼仪、文书的史官,这里比喻言辞华丽,"虚伪、浮华"的意思。

⑤彬彬:指文与质配合恰当。

译 文

孔子说:"朴实胜过文采就会显得粗野,文采胜过朴实就会显得浮夸。文采和朴实两者兼备,这才是君子。"

6.19 子曰:"人之生也直①,罔②之生也幸而免。"

注 释

①直:正直。

②罔:枉曲,不正直。

译 文

孔子说:"人能生存于世上是因为其真实正直,不正直的人能够生存,是他侥幸地避免了灾祸。"

6.20　子曰："知之者不如好①之者,好之者不如乐②之者。"

注　释

①好:喜爱。

②乐:心里极喜欢而陶醉于其中。

译　文

孔子说:"对于学问,懂得它的人不如爱好它的人,爱好它的人不如以它为乐的人。"

6.21　子曰："中人以上,可以语①上②也;中人以下,不可以语上也。"

注　释

①语:动词,告诉,讲,说。

②上:这里指高深的学问。

译　文

孔子说:"中等资质以上的人,可以和他讲高深的学问;中等资质以下的人,就不可以和他谈论高深的学问了。"

6.22 樊迟问知①。子曰:"务②民之义,敬鬼神而远③之,可谓知矣。"

问仁。曰:"仁者先难而后获,可谓仁矣。"

注释

①知:同"智","聪明、智慧"的意思。
②务:从事,致力于。
③远:疏远,不接近。

译文

樊迟问怎样才算智慧。孔子说:"专心致力于从事服务社会、服务老百姓的工作,恭敬地对待鬼神而又远离鬼神,这就是智慧。"

樊迟又问孔子什么是仁。孔子说:"艰难的工作抢着去做,获功行赏的事退居人后,这就是仁德。"

6.23 子曰:"知者乐水①,仁者乐山②。知者动,仁者静。知者乐,仁者寿。"

论语

注释

①知者乐水:水流动而不板滞,随岸赋行,与智者相似,所以这

么说。知，同"智"。

②仁者乐山：山巍巍屹立，厚重不迁，与仁者相似，所以这么说。

译 文

孔子说："智者的快乐，就像水一样，悠然、安详、活泼。仁者之乐，像山一样崇高、伟大、宁静。智者活跃，仁者沉静。智者快乐，仁者长寿。"

6.24　子曰："齐一变①，至于鲁；鲁一变，至于道②。"

注 释

①变：改革。当时齐国强，鲁国弱，但齐国施行霸道，而鲁国重周礼。

②至于道：鲁国重视礼教，推崇信义，周公的法制犹存，仁厚而近于王道。孔子曾说："周礼尽在鲁矣。"所以孔子有此说。

译 文

孔子说："齐国一改革，就会成为鲁国这样；鲁国一改革，就会归于仁道。"

6.25　子曰："觚①不觚，觚哉！觚哉！"

注　释

①觚：古代的酒器。原来的觚上圆下方，有棱角，后来改成圆筒形，棱角也没了。这里是孔子对事物改变，"君不君，臣不臣，父不父，子不子"的有名无实的状况表示不满。

译　文

孔子说："觚而没有觚的样子，这也叫觚啊！这也叫觚啊！"

6.26　宰我问曰："仁①者，虽告之曰：'井有仁②焉。'其从之也？"子曰："何为其然③也？君子可逝④也，不可陷⑤也；可欺⑥也，不可罔⑦也。"

论语

注　释

①仁：仁人。

②井有仁：井里掉进去一个仁人。

③何为其然：何为，"为什么"的意思；其然，"这样"的意思。

④逝：往，去。

⑤陷：陷入。

⑥欺：欺骗。

⑦罔：迷惑。

译　文

宰我问孔子说:"一个仁者,如果有人欺骗他说'井里掉下去一位仁人',他会跟着跳下去吗?"孔子说:"为什么要这样呢?君子可以义无反顾地去救人,但不能因为谎言使自己陷进去;可以欺骗他,但不可以愚弄他啊。"

6.27　子曰:"君子博学于文,约①之以礼,亦可以弗畔②矣夫③。"

注　释

①约:约束。

②畔:通"叛",背离,违背。

③矣夫:语气词,表示感叹。

译　文

孔子说:"君子广泛地学习各种文献知识,用礼来规范约束自己的行为,也就不会背离道了。"

6.28　子见南子①,子路不说②。夫子矢③之曰:"予所④否⑤者,天厌⑥之!天厌之!"

注 释

①南子：宋国的美女，卫灵公的夫人，名声不好，当时实际操纵卫国政权。她召孔子，孔子开始拒绝了，后来依礼节不得不见她。
②说：同"悦"。
③矢：同"誓"，这里是"发誓"的意思。
④所：用于誓词中作假设连词，"如果、假若"的意思。
⑤否：不对，不合于礼。
⑥厌：厌弃。

译 文

孔子去见了卫灵公的夫人南子，子路很不高兴。孔子发誓说："我如果做了不该做的，让上天厌弃我吧！让上天厌弃我吧！"

6.29　子曰："中庸①之为德也，其至矣乎！民鲜久矣！"

注 释

①中庸：孔子倡导的道德标准，即中和可常行之道；中，表示无过无不及；庸，普通，寻常。

译 文

孔子说："中庸作为道德，是道德的最高标准啊！很少有人能修炼到这种程度啊！"

6.30 子贡曰："如有博施①于民而能济②众,何如？可谓仁乎？"子曰："何事于仁！必也圣乎！尧、舜其犹病③诸！夫仁者,己欲立而立人,己欲达而达人。能近取譬④,可谓仁之方也已。"

注释

①博施：广泛施与恩惠。

②济：救济,救助。

③病：难,不易。

④譬：打比方,这里指拿自己打比方,推己及人。

译文

子贡说："假若有这样一个人,能对百姓广施恩惠,能周济民众,怎么样？可以算是有仁德吗？"孔子说："何止于是仁德,简直就是圣人啊！尧和舜都难以做到呢！对于有仁德的人来说,自己想立身于世,也让别人立身于世,自己想要事事通达,也要帮助他人事事通达。凡事就近以自己作比,推己及人,这就可以说是实践仁德的方法了。"

述而篇第七

　　本篇主要提出了孔子的教育思想,并对仁德等道德范畴做进一步的阐述,塑造了一位不断自我反省的贤者形象:知错能改;对知识的学习、教学的方式以及德义的修行等不断地反思。孔子对古代文化极其喜欢,"述而不作,信而好古",听《韶》乐,学《易》,读《诗》《书》,持礼。此篇涉及孔子的教学内容,以"文、行、忠、信"为主;教学方式有"无隐""三人行,必有我师焉""不愤不启,不悱不发"等,这些都为后人所推崇;最主要的是学习态度的培养,如"我非生而知之者,好古,敏以求之者也""发愤忘食,乐以忘忧,不知老之将至云尔",这些好学不辍的言行能潜移默化地对学生产生极大的影响。文中还体现了孔子对财富的认识,他认为正当取财的行为可取,然则"不义而富且贵,与我如浮云",反对取财无道之举,这些话对我们具有警示作用。本篇的名句有"默而识之,学而不厌,诲人不倦,何有于我哉?""德之不修,学之不讲,闻义不能徙,不善不能改,是吾忧也""不愤不启,不悱不发。举一隅不以三隅反,则不复也""三人行,必有我师焉。择其善者而从之,其不善者而改之"等。

7.1　子曰:"述①而不作②,信而好古,窃③比于我老彭④。"

> 注　释

①述:阐述,传述。

②作:创始,创作,创造。

③窃:私下,私自。

④老彭:商朝贤大夫,名见《大戴礼记》。据传他好述古事。

> 译　文

孔子说:"我只阐述典籍而不创作,相信并喜欢传统文化,我私下把自己比作老彭。"

7.2　子曰:"默而识①之,学而不厌②,诲③人不倦④,何有于我哉⑤?"

> 注　释

①识:记住。

②厌:本义指吃饱,引申为满足、厌烦。

③诲:教导,教诲。

④倦:疲倦。

⑤何有于我哉:对于我有什么困难的呢?一说,我做到了哪些

呢？这是孔子严格要求自己的谦虚之词，意思是说"除了以上那几个方面，我什么都没有啊"。

译文

孔子说："我只不过到处留意，默默地学习，把所学记在心中，求学问不厌倦，教别人不知疲倦，这些事对于我有什么困难的呢？"

7.3　子曰："德之不修①，学之不讲，闻义②不能徙③，不善④不能改，是⑤吾忧也。"

注释

①修：动词，修养。

②义：合乎道义的事情。

③徙：原指迁移，这里是指见善则迁，向义靠拢接近。

④不善：不好的，指错误、缺点。

④是：代词，这些。

译文

孔子说："品德不加以修养，学问不勤于研究，听到义不能相从，有了缺点不能改正，这些是我所忧虑的啊。"

7.4　子之燕居①，申申②如③也，夭夭④如也。

论语

109

注 释

①燕居：燕，同"宴"，闲适，安逸；燕居，指独自闲暇无事的时候的安居。

②申申：舒适，整齐，这里指衣冠整齐，容貌舒展安详的样子。

③如：像……的样子。

④夭夭：行动斯文、和乐的样子。

译 文

孔子闲暇在家的时候，衣冠整齐，容貌舒缓安详，神态和悦轻松，悠闲自在，潇洒自如。

7.5 子曰："甚矣，吾衰①也！久矣，吾不复梦见周公②！"

注 释

①衰：衰老。

②周公：姓姬，名旦，周文王之子，周武王（姬发）的弟弟，周成王（姬颂）的叔叔，是鲁国国君的始祖。传说他制定了西周的礼乐政治制度，辅佐周成王安定天下，为孔子所崇尚。孔子盛年一直想行周公之道，可是没有实现，所以有力不从心的感叹。

译 文

孔子说："我真是衰老得厉害了！我好长时间没有再梦见周公

了!"

7.6 子曰:"志①于道,据②于德,依③于仁,游④于艺⑤。"

> 注 释

①志:心之所向。

②据:遵守。

③依:依照,不违背。

④游:游泳,引申为玩习、熟悉、学习。

⑤艺:礼、乐、射、御、书、数为六艺,是古代学生的功课内容。

> 译 文

孔子说:"一个人应该以道为志向,以道德为立身之基,依凭仁的要求,游憩于'礼、乐、射、御、书、数'六艺之中。"

7.7 子曰:"自行①束脩②以上,吾未尝③无诲焉。"

> 注 释

①自行:主动做……

②束脩:一种解释是干肉,也叫脯。每条叫一脡(tǐng),十脡是一束。束脩即十条干肉。古代见面会带上礼物,束脩是薄礼。还

有一种解释为束发修饰。自行束脩指自己可以束发修饰,意指能反省自己,检束自己,又肯上进。此处倾向于第二种。

③未尝:未曾,从来没有。

译 文

孔子说:"拜我为师的人只要能反省自己、检束自己又肯上进,我从没有不予教诲的。"

7.8 子曰:"不愤①不启,不悱②不发。举一隅③不以三隅反,则不复④也。"

注 释

①愤:心欲求通而未能做到。

②悱:想说而不能说出来的样子。

③隅:指方形物体的角。

④不复:"不重复"的意思。

译 文

孔子说:"教导学生,不到他力求明白而未能明白的时候,我不去开导他;不到他想说却又说不出的时候,我不去启发他。为他举出一个角,他不能推知另外三个角,我就不用老方法教他了。"

7.9 子食于有丧者之侧,未尝饱也。

译 文

孔子在有丧事的人旁边吃饭,不曾吃饱过。

7.10 子于是日哭,则不歌。

译 文

孔子在这一天哭泣过,就不再唱歌。

7.11 子谓颜渊曰:"用之则行,舍之则藏①,惟我与尔有是夫。"

子路曰:"子行三军②,则谁与③?"

子曰:"暴虎④冯河⑤,死而无悔者,吾不与也。必也临事而惧,好谋而成者也。"

注 释

①舍之则藏:舍,舍弃;藏,隐藏。

②行三军:行,指挥,统帅;三军,当时一个大国所有的军队,每军一万两千五百人,三军相当于三万七千五百人。

③与:陪从,偕同。

④暴虎:徒手与老虎搏斗。

⑤冯河：指不乘船而徒步趟过大河。暴虎冯河，是用来比喻那种有勇无谋、冒险行事，而往往导致失败的人。

译 文

孔子对颜渊说："如果用我，我就为家、国、天下做事；如果不用我，我就退隐、隐藏起来，能做到这一点的只有我和你啊！"

子路说："假如老师要统帅军队，那你要带谁一起呢？"

孔子说："赤手空拳和老虎搏斗，徒步涉水过河，死了也不后悔的人，我是不愿意和他在一起的。我需要的一定是临事小心谨慎、考虑周详、认真谋划而致成功的人。"

7.12　子曰："富而①可求②也，虽执鞭之士③，吾亦为之。如不可求，从吾所好④。"

注 释

①而：这里做假设连词，"如果、假若"的意思。

②求：合于道的求取。

③执鞭之士：古代为天子、诸侯和官员出入时手执皮鞭开路的人，这里指维持秩序的市场守门人。

④好：爱好。

译 文

孔子说："财富如果通过正路而求得，即使是从事低贱行业，我也愿意做。如果我认为这种财富不可求,我就会从我所好,走我自己的路。"

7.13 子之所慎:齐①,战②,疾③。

注 释

①齐:同"斋",古代祭祀之前的斋戒,要求不喝酒,不吃荤,不与妻妾同房,需沐浴等。孔子曾说:"我不与祭,如不祭。"所以对于祭祀之前的斋戒也要虔诚。

②战:战争。战争关系国家的存亡、人民的安危。

③疾:疾病。疾病关系人的生死。

译 文

孔子谨慎对待的是斋戒、战争和疾病这三件事。

7.14 子在齐闻《韶》①,三月②不知肉味,曰:"不图为乐之至于斯也。"

注 释

①《韶》:传说舜时创制的乐曲,水平很高,音乐优美。

②三月:约数,不是确切地指三个月,而是指很长时间。

译 文

孔子在齐国听到《韶》乐后,很长时间感觉不出肉的味道。他说:"想不到《韶》乐的境界这么美妙啊!"

7.15 冉有曰:"夫子为①卫君②乎?"子贡曰:"诺③,吾将问之。"

入,曰:"伯夷、叔齐何人也?"曰:"古之贤人也。"曰:"怨乎?"曰:"求仁而得仁,又何怨。"

出,曰:"夫子不为也。"

注 释

①为:动词,帮助。
②卫君:卫国国君。
③诺:表示答应。

译 文

冉有说:"老师会帮助卫君吗?"子贡说:"是啊,我去问问他。"

子贡进入老师的屋子问:"伯夷、叔齐是什么样的人?"孔子说:"他们是古代贤德的人。"子贡又问:"他们有怨恨吗?"孔子回答说:"他们追求仁并且得到了仁,还有什么怨恨呢?"

子贡走出老师的屋子对冉有说:"老师不会帮助卫君的。"

7.16

子曰:"饭①疏食②饮水③,曲肱④而枕之,乐亦在其中矣。不义而富且贵,于我如浮云。"

注释

①饭:用作动词,吃。
②疏食:指粗糙的饭食,粗粮。
③水:古代以汤、水对称,汤是热水,水是冷水。
④肱:手臂。

译文

孔子说:"吃粗粮,喝凉水,弯着手臂当作枕头,乐趣就在这样的情境之中。用不正当的手段得来的财富、权力和社会地位,对我来说就好比天空的浮云。"

7.17

子曰:"加①我数年,五十②以学《易》③,可以无大过矣。"

注释

①加:增加,增添,给予。
②五十:古人认为五十岁是老年的开始。

③《易》：又称《周易》《易经》，是古代用来占卜的书，表现了许多古代的哲学观念。

> **译 文**

孔子说："如果给我增加几年寿命，让我在五十岁的时候去学《周易》，这一辈子也就不会有大的过错了。"

7.18 子所雅言①，《诗》、《书》、执礼，皆雅言也。

> **注 释**

①雅言：指当时中国通行的语言，与方言相对。《诗》《书》等都是雅言。

> **译 文**

孔子有用雅言的时候，读《诗》《书》，以及执行礼事，都用雅言。

7.19 叶公①问孔子于子路，子路不对②。

子曰："女奚③不曰：'其为人也，发愤忘食，乐以忘忧，不知老之将至云尔④。'"

注 释

①叶公：姓沈，名诸梁，楚国的大夫，封地在叶城（今河南叶县南），所以叫叶公。

②对：应答，回答。

③奚：为什么。

④云尔："云"为代词，如此；"尔"同"耳"，而已，罢了。

译 文

叶公向子路打听孔子的为人，子路没有回答。

孔子对子路说："你怎么不这样说：'他这个人发愤用功忘记了吃饭，当学问上有所收获时就快乐得忘了忧虑，不知道衰老将要到来，如此而已。'"

7.20　子曰："我非生而知之者，好古①，敏以求之者也。"

注 释

①古：指古代文化。

译 文

孔子说："我不是生下来就什么都知道的人，我是爱好传统文化，靠勤敏而求得的学问。"

7.21 子不语怪、力、乱、神。

译文

孔子不谈论怪异、暴力、叛乱、鬼神。

7.22 子曰:"三人行,必有我师焉。择其善者而从之,其不善者而改之。"

译文

孔子说:"几个人一块走路,一定会有可以做我老师的。选择他的优点向他学习,看到他的缺点就借鉴改正。"

7.23 子曰:"天生德于予,桓魋①其如予何?"

注释

①桓魋:宋国的司马,主管军事,本名向魋,因为是宋桓公的后代,又叫桓魋。孔子周游列国从卫国去陈国,经过宋国,桓魋听到消息后,率兵来阻拦,孔子和弟子在大树下演习仪礼,桓魋来砍倒大树,并想杀孔子。弟子们催他快些走,孔子说了这番话。

译文

孔子说:"上天让我生有这样的品德,桓魋又能把我怎么样呢?"

7.24 子曰:"二三子①以我为隐②乎?吾无隐乎尔。吾无行而不与二三子者,是丘也。"

注 释

①二三子:诸位弟子,指孔子的学生。
②隐:指隐瞒。

译 文

孔子说:"你们这些学生以为我有所隐瞒吗?我绝没有什么隐瞒的!我没有一事不向你们公开,这就是我孔丘的为人啊。"

7.25 子以四教:文①、行②、忠③、信④。

注 释

①文:典籍,文献,文化知识。
②行:德行,也指社会实践。
③忠:忠诚。
④信:诚信。

译 文

孔子从四个方面教育学生:文献、德行、忠心、诚信。

7.26　子曰:"圣人①,吾不得而见之矣;得见君子②者,斯③可矣。"

子曰:"善人④,吾不得而见之矣;得见有恒者⑤,斯可矣。亡⑥而为有,虚而为盈⑦,约⑧而为泰⑨,难乎有恒矣。"

注　释

①圣人:品德最高、才能出众的人,指德才兼备者。

②君子:有学问、有修养的人。

③斯:就,则。

④善人:心性、行为善良的人。

⑤有恒者:有恒心坚持德行、用心不二的人。

⑥亡:同"无"。

⑦盈:充盈,充实。

⑧约:穷困。

⑨泰:奢侈。

译　文

孔子说:"圣人,我是看不到了,能见到君子就可以了。"

孔子又说:"善人,我是看不到了,能见到保持一定操守、坚持德行的人就可以了。本来没有却装作有,本来空虚却装作充实,本来穷困却装作富足,这样的人是很难保持操守的!"

7.27 子钓而不纲①,弋②不射宿③。

注 释

①纲:本义是提网的大绳,这里作动词,是指在水面上拉一根大绳,系着许多鱼钩来钓鱼。
②弋:用带丝绳的箭来射。
③宿:归巢歇宿的鸟。

译 文

孔子钓鱼,不用大绳系住网钩截断流水取鱼;孔子射鸟,不射归巢歇息的鸟。

7.28 子曰:"盖有不知而作之者,我无是也。多闻,择其善者而从之;多见而识①之;知之次也②。"

注 释

①识:同"志",记忆。
②知之次也:《季氏》篇第九章孔子云:"生而知之者上也,学而知之者次也。"此处指"学而知之者",比"生而知之者"次一等。

译 文

孔子说："大概有一种无知却凭空造作的人吧，但我没有这种毛病。多请教人家，多听取人家的意见，对好的见解就要采纳；多体验，多看，并用心记下来。这种获得学问的方法，仅次于那种生来就知道的情况。"

7.29 互乡①难与言，童子见②，门人惑。子曰："与③其进也，不与其退也，唯何甚？人洁己以进，与其洁也，不保④其往⑤也。"

注 释

①互乡：地名，具体所在已无可考，据说其地民风不善。
②见：受到接见。
③与：赞成，称许。
④保：守，不变，引申为"追究、纠缠"的意思。
⑤往：以前，以往。

译 文

互乡这个地方的人很难与人交流，但这个地方的一个少年却得到了孔子的接见，学生们都疑惑不解。孔子说："我是赞许他的进步,不是赞许他的退步,何必把事情做得太过分呢?别人怀着洁身自好的想法来了,我赞许他的就是洁身自好的态度,而不死抓住他的过去不放。"

7.30 子曰:"仁远乎哉?我欲仁,斯仁至矣。"

译文

孔子说:"仁离我们很远吗?我自己愿意实行仁,仁就可以来到!"

7.31 陈司败①问:"昭公②知礼乎?"孔子曰:"知礼。"

孔子退,揖③巫马期④而进之,曰:"吾闻君子不党⑤,君子亦党乎?君取⑥于吴,为同姓⑦,谓之吴孟子⑧。君而知礼,孰不知礼?"

巫马期以告。子曰:"丘也幸,苟有过,人必知之。"

论语

注　释

①陈司败：陈国主管司法的官，姓名不详，也有说是齐国大夫，姓陈名司败。

②昭公：鲁国国君，姓姬，名稠，一作"裯"，"昭"是其死后的谥号。

③揖：作揖，拱手行礼。

④巫马期：孔子的学生，姓巫马，名施，字子期。

⑤党："偏袒、包庇"的意思。

⑥取：同"娶"。

⑦同姓：鲁国、吴国都是姬姓，根据礼制，同姓不能通婚。

⑧吴孟子：鲁昭公的夫人。春秋时，国君夫人的称号一般为她出生的国名加上她的姓。昭公夫人生于吴国，吴国与鲁国都是姬姓，按周礼规定同姓不能通婚，所以鲁昭公不称她为吴姬，而称她为吴孟子，"孟子"可能是这位夫人的字。孔子遵守周礼"为尊者讳，为贤者讳，为亲者讳"，说自己有错。

译　文

陈司败问孔子："鲁昭公懂礼吗？"孔子回答说："懂礼。"

孔子出去后，陈司败向巫马期作了个揖，请他走近自己，对他说："我听说君子是没有偏私的，难道君子还包庇别人的错误吗？鲁君在吴国娶了位夫人，是国君的同姓，称她为吴孟子。要说鲁君懂得礼，还有谁不懂得礼呢？"

巫马期把陈司败的话告诉了孔子。孔子说："我是幸运的，只

要有过错,人家一定会知道。"

7.32 子与人歌而善,必使反①之,而后和②之。

注 释

①反:反复。
②和:唱和。

译 文

孔子与人一起唱歌,如果唱得好,就一定请他再唱一遍,然后和他一同唱。

7.33 子曰:"文,莫①吾犹人也。躬行君子,则吾未之有得。"

注 释

①莫:这里为表示推测意义的词,大概,也许。

译 文

孔子说:"就书本上的学问而言,我大概和别人差不多。但身体力行地做个君子,我还没有完全做到。"

7.34 子曰："若圣与仁，则吾岂敢？抑①为之②不厌，诲人不倦，则可谓云尔③已矣。"公西华曰："正唯弟子不能学也。"

注 释

①抑：表示转折，"只不过"的意思。
②为之：指圣与仁。
③云尔：如此，这样。

译 文

孔子说："如果说圣和仁，我是不敢当的。我只不过是努力朝着这个方向不厌倦地去做，不知疲倦地教导他人这样做而已。"公西华说："这正是我们这些学生做不到的。"

7.35 子疾病①，子路请祷②。子曰："有诸③？"子路对曰："有之。《诔》④曰：'祷尔于上下神⑤祇⑥。'"子曰："丘之祷久矣。"

注 释

①疾病：病得很重。疾，生病。"疾""病"连用，指病情严重。

②祷：向鬼神祈祷，请求福佑。

③有诸：诸，"之于"的合音；"有诸"意为"有这样的事吗"。

④《诔》：为生者所作的祈祷文。

⑤神：指天神。

⑥祇：地神。

译文

孔子得了重病，子路请求为他祈祷。孔子说："有这样的事情吗（这样做有用吗）？"子路回答说："有这事（管用）。《诔》中说：'向天地神灵祈祷。'"孔子说："我已经祈祷很久了。"

7.36 子曰："奢①则不孙②，俭则固③。与其不孙也，宁固。"

注 释

①奢：狭义的"奢"是物质享受的奢侈，广义的"奢"是指喜欢吹牛、爱出风头等。

②孙：通"逊"，恭顺，谦逊。

③俭：狭义指俭省，广义指保守、慎重、根基稳定等；固：固陋。

译文

孔子说："豪奢就会显得傲慢，节俭就会显得固陋。与其傲慢，宁可固陋。"

7.37 子曰:"君子坦荡荡①,小人长戚戚②。"

注 释

①坦荡荡:心胸宽广。
②长戚戚:总是患得患失、忧虑的样子。

译 文

孔子说:"君子心胸宽广坦荡,小人心胸狭窄,经常忧愁。"

7.38 子温而厉,威而不猛,恭而安。

译 文

孔子温和而又严厉,威严而不凶猛,恭敬而又安详。

泰伯篇第八

本篇中,孔子对于古代圣贤极为推崇,称赞泰伯、尧、舜、禹、武王等人的至德,羡慕尧、舜和武王时候的人才鼎盛,这种政治清明的太平盛世正是孔子一生所追求而为之奋斗的理想。孔子还指出为官守道之法,为官应在其位尽职为政,"不在其位,不谋其政",并提出为官与世道的联系,"天下有道则见,无道则隐"成为中国古代士人出隐的重要凭证。此篇还记载了孔子弟子曾子临死前的情形,曾子所言"鸟之将死,其鸣也哀;人之将死,其言也善""临大节而不可夺也""任重而道远"等成为千古名句。

8.1 子曰:"泰伯①,其可谓至②德也已矣。三以③天下④让,民无得而称焉。"

注 释

①泰伯:周朝的祖先古公亶父的长子。古公有泰伯、仲雍、季历三个儿子,季历的儿子是姬昌,后来的周文王。古公见孙子姬昌有圣德,就不想把王位传给长子泰伯,而想传给季历,从而让姬昌做君主。泰伯就偕同仲雍出走,把王位让给季历。

②至:极致。

③三以:第一次让是泰伯离开国都,避而出走;第二次让是泰伯知道父亲去世,故意不回去奔丧,以避免被众臣拥立而接受王位;第三次是发丧之后,众臣议立新国君时,泰伯索性断发文身,表示永不返回。这样,他的三弟季礼只好继承王位。有了泰伯的三让,才给后来姬昌继位统一天下奠定了基础。因此,孔子高度赞扬泰伯。

④天下:指王位。

译 文

孔子说:"泰伯,他可以说是品德最高尚的人了。他三次把天下让给季历,人民简直不知道用什么语言来称赞他(一说,泰伯让天下并泯灭功绩,人民找不到实绩来称赞他)。"

8.2 子曰:"恭而无礼则劳①,慎而无礼则葸②，勇而无礼则乱，直而无礼则绞③。君子④笃⑤于亲，则民兴于仁；故旧⑥不遗，则民不偷⑦。"

注 释

①劳：辛劳，劳苦。

②葸：胆怯，害怕，过分拘谨。

③绞：急切，尖刻，出口伤人。

④君子：在上位的人。

⑤笃：诚实，厚道，笃厚。

⑥故旧：故交，老朋友。

⑦偷：这里指人与人之间人情淡薄。

译 文

孔子说："注重外在的恭敬却不知礼，就未免会劳倦；谨慎但不知礼，就会畏缩拘谨；勇敢但不知礼，就会犯上作乱；直爽而不知礼，就显得尖刻。在上位的人能对亲族宽厚仁慈，老百姓就会发扬仁德的精神；在上位的人能不遗弃旧交老友，老百姓就不会对人冷漠无情了。"

8.3 曾子①有疾，召门弟子曰："启②予

论语

足！启予手！《诗》云：'战战兢兢，如临深渊，如履③薄冰。'④而今而后，吾知免夫！小子⑤！"

注　释

①曾子：曾参，孔子的弟子。

②启：通"晵"，这里是"看"的意思。

③履：践踏，走过。

④"战战兢兢"三句：见《诗经·小雅·小旻》。

⑤小子：这里是称呼弟子们。

译　文

曾子病了，召学生们到床前，说道："看看我的脚！看看我的手！《诗经》说：'做人一辈子都好像站在深渊旁边，好像踩在薄冰上面，时时处处都要小心谨慎呀。'从今往后，我知道自己是可以免于刑戮毁伤了！弟子们！"

8.4　曾子有疾，孟敬子①问②之。曾子言曰："鸟之将死，其鸣也哀；人之将死，其言也善。君子所贵乎道者三：动容貌③，斯远暴慢④矣；正颜色，斯近信矣；出辞气⑤，斯远鄙倍⑥矣。笾豆之事⑦，则有司⑧存。"

注释

①孟敬子：姓仲孙，名捷，鲁国大夫。

②问："探望"的意思。

③动容貌：容貌举止依照礼节行动。

④暴慢：粗暴无礼，懈怠不敬。

⑤辞气：语言、声调和顺。

⑥鄙倍：粗野。"倍"同"背"，不合理。

⑦笾豆之事：是指和祭祀礼仪相关的事务；笾，古代竹制的礼器，祭祀、宴会时用来盛果脯；豆，古代盛事物的器具，木制，像高脚盘。

⑧有司：主管某方面事务的官吏。

译文

曾子病了，孟敬子去探望他。曾子说："鸟即将死的时候，鸣叫的声音是悲哀的；人即将死的时候，说的话是善意的。君子应该重视的事有三点：容貌举止加强修养，依照礼节行动，就可远离粗暴、懈怠；神色得体庄重，就近于真诚可信；说话言辞和顺，就可以远离粗蛮无理。至于祭祀的礼仪，自有主管这些事务的官吏来负责。"

8.5 曾子曰："以能问于不能，以多问

于寡；有若无，实若虚，犯而不校①。昔者②吾友③尝从事于斯矣。"

> **注　释**
>
> ①校：计较。
> ②昔者：从前，过去。
> ③吾友：我的朋友，有观点认为指的是颜回。

> **译　文**
>
> 曾子说："有才能而向才能不如自己的人请教，见识多却向见识少的人请教；有学问却像没有学问一样，知识丰富却虚怀若谷，被别人冒犯也不计较。过去我的朋友颜回就做到了这样。"

8.6　曾子曰："可以托六尺之孤①，可以寄百里之命②，临大节而不可夺也，君子人与③？君子人也。"

> **注　释**
>
> ①六尺之孤：古代的尺短，六尺约合现在的一百三十八厘米，一般指的是十五岁以下的小孩，这里指未成年的孤儿。
> ②寄百里之命：寄，寄托，委托；百里之命，指掌管国家政权和

命运。

③与：同"欤"。

译文

曾子说："可以把未成年的孤儿托付给他，可以把国家的政事交付给他，面临紧要关头不会动摇屈服。这样的人是君子吗？这样的人就是君子啊！"

8.7 曾子曰："士①不可以不弘毅②，任重而道远。仁以为己任，不亦重乎？死而后已③，不亦远乎？"

注释

①士：读书人，知识分子。

②弘毅：弘，广大，这里指心胸宽广；毅，坚毅，刚强。

③已：停止。

译文

曾子说："士不可以不宽宏坚毅，因为他们责任重大，路途遥远。把实现仁道作为自己的责任，这不是很重大吗？一直到死才卸下重任，这不是很遥远吗？"

8.8 子曰："兴①于诗，立于礼，成②于

论语

^{yuè}
乐。"

注 释

①兴：兴起，激励。

②成：完成，达到。这里是指以音乐来陶冶性情，培养高尚的人格，完成学业，最终达到全社会"礼乐之治"的最高境界。

译 文

孔子说："用诗激发人的心志，用礼仪作为行为规范准则，用音乐完成人格修养。"

8.9　子曰："民可使由①之，不可使知之。"

注 释

①由：听从，顺从。孔子认为下层百姓的才智、能力、认识水平、觉悟程度各不一样，当政者在实行政策法令时，只能要求他们遵照着去做，而不可以使人人都知道这样做的道理。

译 文

孔子说："当政者可以指使老百姓遵照道理去做，不必让他们知道为什么这样做。"

8.10 子曰:"好勇疾①贫,乱也。人而不仁②,疾之已甚③,乱也。"

注释

①疾:厌恶,憎恨。
②不仁:不符合仁德的人或事。
③已甚:太过分。

译文

孔子说:"好勇而又厌恶自己贫穷,会出乱子。对于不仁的人或事过分痛恨,也会出乱子。"

8.11 子曰:"如有周公之才之美,使骄且吝①,其余不足观也已。"

注释

①吝:吝啬,小气。

译文

孔子说:"即使一个人有周公那样美好的才德,但如果他骄傲自大并且吝啬小气,那么其他的方面也就不值一提了。"

8.12 子曰:"三年学,不至①于谷②,不易得也。"

注释

①至:这里指意念。

②谷:古代以谷米作为官吏的俸禄,这里用"谷"代表做官。

译文

孔子说:"学了许多年,并没有产生做官求取俸禄的心念,这是很难能可贵的。"

8.13 子曰:"笃信①好学,守死善道。危邦②不入,乱邦不居③。天下有道则见④,无道则隐。邦有道,贫且贱焉,耻也;邦无道,富且贵焉,耻也。"

注释

①笃信:信念坚定。

②危邦:局势危急的国家。

③居:居住。

④见:同"现",出现。

译文

孔子说:"坚定对道的信念,勤奋学习,誓死保全。不进入局势危急的国家,不居住在动荡混乱的国家。国家政治清明时就出来效力,国家政治黑暗时就隐居起来。国家政治清明,自己要出来为国家、社会做出贡献,如无贡献则是读书人的耻辱;国家政治黑暗,自己安享富贵,也是可耻的。"

8.14 子曰:"不在其位,不谋①其政。"

注释

①谋:考虑,参与,谋划。

译文

孔子说:"不在那个职位上,就不要考虑那个职位的政事。"

8.15 子曰:"师挚之始①,《关雎》之乱②,洋洋乎盈耳哉!"

注释

①师挚之始:师挚,鲁国乐师。古代奏乐,开端叫"升歌",一般由太师演奏,师挚是太师,名挚,所以这里说是"师挚之始"。

②《关雎》之乱："始"是乐曲的开始，"乱"是乐曲的终了，此时奏《关雎》乐章，所以叫"《关雎》之乱"。

译文

孔子说："从太师挚演奏乐曲开始，到最后以《关雎》结尾，我满耳里充盈着丰富而美好的音乐，深深陶醉其中。"

8.16　子曰："狂①而不直，侗②而不愿③，悾悾④而不信，吾不知之矣。"

注释

①狂：狂妄。
②侗：幼稚无知。
③愿：老实，厚道，质朴。
④悾悾：诚恳的样子。

译文

孔子说："社会中有的人狂妄又不正直，幼稚无知又不厚道，貌似诚恳又不讲信用，我真不能懂得这样的人！"

8.17　子曰："学如不及，犹恐失之。"

译文

孔子说："学习时总觉得像赶不上，学得了还总怕再丢失。"

8.18

子曰:"巍巍①乎!舜、禹②之有天下也而不与焉。"

注 释

①巍巍:原指高大壮伟的山,这里赞美舜、禹的伟大。

②舜、禹:舜是传说中的圣君名主,禹建立了夏朝,接受舜的禅让继承帝位,也是传说中的治水英雄。

译 文

孔子说:"舜和禹多么伟大啊!他们拥有了天下,却好像与他们个人不相关一样。"

8.19

子曰:"大哉尧之为君也!巍巍乎!唯天为大,唯尧则①之。荡荡②乎!民无能名③焉。巍巍乎其有成功也,焕④乎其有文章⑤!"

注 释

①则:取法,效法。

②荡荡:广大无边的样子。

③名：用语言去形容，赞美。

④焕：光辉。

⑤文章：指礼乐制度。

译文

孔子说："像尧这样的君王多么伟大多么崇高啊！天最高大了，只有尧能效法天。他的恩德多么广大啊！人民都不知怎样称赞他了。他的功绩真壮伟啊，他的礼乐制度真辉煌啊！"

8.20 舜有臣五人①，而天下治。武王曰："予有乱臣十人②。"孔子曰："才难③，不其然乎？唐、虞之际④，于斯⑤为盛⑥。有妇人焉，九人而已。三分天下有其二⑦，以服事殷，周之德，其可谓至德也已矣。"

注释

①舜有臣五人：传说这五位贤臣是禹、稷（jì）、契（xiè）、皋陶（gāoyáo）、伯益。

②乱臣十人：十位治理国家的大臣，他们是周公旦、召公奭、太公望、毕公、荣公、太颠、闳夭、散宜生、南宫适以及一名女性邑姜（南宫适的夫人，管内务）。乱，"治理"的意思。

③才难:人才难得。

④唐、虞之际:传说尧在位时叫"唐",舜在位时叫"虞"。

⑤斯:指周武王时期。

⑥盛:指唐、虞至周人才最盛。

⑦三分天下有其二:相传当时天下分为九州,周文王有六州,所以说是三分之二。

译 文

舜有五个贤臣就能治理好天下。周武王说:"我有十个能治理国家的大臣。"孔子说:"人才难得,难道不是这样吗?在唐、虞之际,以及周武王时人才最兴盛。而武王的十个大臣中还有一个妇人,实际上是九个人而已。周文王赢得了三分之二的天下,仍向商朝称臣。周朝的道德,可以说是最高尚的了。"

8.21 子曰:"禹,吾无间①然矣。菲②饮食,而致③孝乎鬼神,恶衣服,而致美乎黻冕④,卑⑤宫室,而尽力乎沟洫⑥。禹,吾无间然矣。"

注 释

①间:原指空隙,这里指可以非议的不足之处。

②菲:菲薄,不丰厚。

③致:致力,努力。

④黼冕:祭祀时穿的衣服叫黼,祭祀时戴的帽子叫冕。

⑤卑:低矮。

⑥沟洫:田间水道,指农田水利。

译 文

孔子说:"我挑不出禹的任何问题。他生活得非常俭朴,却能把丰盛的食物拿来孝敬鬼神;自己平时穿的衣服很粗劣,却把祭服做得很华美;自己住的房子很低矮简陋,却尽力于农田水利。对于禹,我确实挑不出任何问题。"

子罕篇第九

本篇共包括三十一章,其中著名的文句有"出则事公卿,入则事父兄""后生可畏,焉知来者之不如今也""三军可夺帅也,匹夫不可夺志也""岁寒,然后知松柏之后凋也""知者不惑,仁者不忧,勇者不惧"。本篇涉及孔子的道德教育思想以及孔子弟子对其的议论,此外,还记述了孔子的某些活动。

9.1 子罕①言利,与②命与仁。

注 释

①罕:稀少,很少。
②与:赞同,肯定。

译 文

孔子很少谈到利益,却赞成天命和仁德。

9.2 达巷党人①曰:"大哉孔子!博学而无所成名②。"子闻之,谓门弟子曰:"吾何执③?执御乎?执射乎?吾执御矣。"

注 释

①达巷党人:古代五百家为一党,达巷是地名,这里是指达巷这地方的人。
②博学而无所成名:学问渊博,而不以一项专长来树立名声。
③执:专门从事。

译 文

达巷这个地方有人说:"孔子真伟大啊!他学问渊博,而不以一项专长来树立名声。"孔子听说了,对他的学生说:"我要专长于哪个方面呢？驾车吗？射箭吗？我还是驾车吧。"

9.3 子曰："麻冕①，礼也。今也纯②，俭③，吾从众。拜下④，礼也。今拜乎上，泰⑤也。虽违众，吾从下。"

注释

①麻冕：麻布制成的礼帽。

②纯：黑丝。

③俭：俭省，麻冕费工，用丝则俭省。

④拜下：大臣面见君主前，先在堂下跪拜，再到堂上跪拜。

⑤泰：这里指骄纵、傲慢。

译文

孔子说："用麻布制成礼帽，符合于礼的规定。现在大家都用黑丝绸制作，这样比过去节省了，我赞成大家的做法。臣见国君，首先要在堂下跪拜，这也是符合于礼的。现在大家都到堂上跪拜，这是骄纵的表现。虽然与大家的做法不一样，我还是主张在堂下跪拜。"

9.4 子绝四：毋意①，毋必②，毋固③，毋我④。

注 释

① 意：同"臆"，猜想，猜疑。
② 必：主观臆断。
③ 固：固执己见。
④ 我：这里指自私之心。

译 文

孔子杜绝四种缺点：不凭空猜测，不主观臆断，不固执己见，不自以为是。

9.5 子畏于匡①。曰："文王②既没，文不在兹③乎？天之将丧斯文也，后死者④不得与⑤于斯文也。天之未丧斯文也，匡人其如予何⑥？"

注 释

① 畏于匡：畏，拘囚；匡，地名，在今河南省长垣县西南。孔子离开卫国前往陈国时经过匡地。匡人曾受到鲁国阳虎的掠夺和残杀。孔子的相貌与阳虎相像，匡人误以为孔子就是阳虎，所以将他围困。

② 文王：周文王，姓姬名昌，西周开国之君周武王的父亲，是孔

子认为的古代圣贤之一。

③兹：这里，指孔子自己。

④后死者：孔子这里指自己。

⑤与：这里是"掌握"的意思。

⑥如予何：奈我何，把我怎么样。

译文

孔子被匡地的人们围困时，他说："周文王死了以后，周代的礼乐文化不都体现在我的身上吗？上天如果想要消灭这种文化，那我就不可能掌握这些文化了。上天如果不消灭这些文化，那么匡人又能把我怎么样呢？"

9.6 太宰①问于子贡曰："夫子圣者与？何其多能也？"子贡曰："固天纵②之将圣，又多能也。"

子闻之，曰："太宰知我乎！吾少也贱，故多能鄙事③。君子多乎哉？不多也。"

注释

①太宰：官名，掌握国君宫廷事务。这里的"太宰"，有人说是吴国的太宰伯，但不能确认。

②纵:赋予。

③鄙事:卑贱的事情。

译文

太宰问子贡说:"孔夫子是位圣人吧?为什么这样多才多艺呢?"子贡说:"这本是上天赋予他大圣之德,而且使他多才多艺。"

孔子听到后说:"太宰知道我呀!我因为少年时地位低贱,所以学会许多卑贱的技艺。一个君子会学这么多的技艺吗?不会的。"

9.7 牢①曰:"子云:'吾不试②,故艺。'"

注释

①牢:郑玄说此人系孔子的学生,但在《史记·仲尼弟子列传》中未见此人。

②试:用,被任用。

译文

牢说:"孔子说:'我没有为世所用,所以学会许多技艺。'"

9.8 子曰:"吾有知乎哉?无知也。有鄙夫问于我,空空如也①。我叩②其两端③而竭④焉。"

注释

①空空如也：指孔子自己心中空空无知。
②叩：叩问，询问。
③两端：两头，指正反、始终、上下方面。
④竭：穷尽，尽力追究。

译文

孔子说："我有知识吗？其实没有知识。有一个浅陋的人问我一些问题，我对他的问题一无所知。我就从问题的本末两端向他询问，直至把问题全部搞清楚。"

9.9 子曰："凤鸟①不至，河不出图②，吾已矣夫！"

注释

①凤鸟：古代传说中的一种神鸟。传说凤鸟在舜和周文王时代都出现过，它的出现象征着圣王将要出世。
②河不出图：传说在上古伏羲氏时代，黄河中有龙马背负八卦图而出，它的出现也象征着圣王将要出世。

译 文

孔子说:"凤鸟不来了,黄河中也不出现八卦图了,我这一生也就完了吧!"

9.10　子见齐衰①者、冕衣裳者②,与瞽③者,见之,虽少,必作④,过之,必趋⑤。

注 释

①齐衰:丧服,古时用麻布制成。

②冕衣裳者:冕,官帽;衣,上衣;裳,下服,这里统指官服;"冕衣裳者"指贵族。

③瞽:盲。

④作:站起来,表示敬意。

⑤趋:快步走,表示敬意。

译 文

孔子遇见穿丧服的人、当官的人和盲人,虽然他们很年轻,也一定要站起来;从他们面前经过时,一定要快步走过。

9.11　颜渊喟①然叹曰:"仰之弥②高,钻③之弥坚。瞻④之在前,忽焉在后。夫子循循然善诱人⑤,博我以文,约我以礼,欲罢不能。既竭吾才,如有所立卓尔⑥,虽欲从之,末由⑦也已。"

注释

①喟:叹息的样子。

②弥:更加,越发。

③钻:钻研。

④瞻:视,看。

⑤循循然善诱人:循循然,有次序地;诱,劝导,引导。

⑥卓尔:高峻的样子。

⑦末由:末,无,没有;由,途径,路径;"末由"是"没有办法"的意思。

论语

译文

颜渊感叹地说:"老师的道,我抬头仰望,越望越觉得高;我努力钻研,越钻研越觉得不可穷尽。看着它好像在前面,忽然又像在后面。老师善于一步一步地引导我,用各种典籍来丰富我的知识,又用各种礼节来约束我的言行,使我想停止学习都不可能。我已经用尽了我的全力,但总好像有一个十分高大的东西立在我前面,虽然我想要攀登上去,却没有途径。"

9.12 子疾病,子路使门人为臣①。病间②,曰:"久矣哉,由③之行诈也!无臣而为有臣。吾谁欺?欺天乎?且予与其死于臣之手也,无宁④死于二三子之手乎?且予纵不得大葬⑤,予死于道路乎?"

注 释

①为臣:臣,指家臣,总管。孔子当时不是大夫,没有家臣,但子路叫门人充当孔子的家臣,准备由此人负责总管安葬孔子之事。

②病间:病情减轻。

③由:即子路,姓仲,名由。

④无宁:宁可。"无"是发语词,没有意义。

⑤大葬:指大夫的葬礼。

译 文

孔子患了重病,子路派了门人去做孔子的家臣,负责料理后事。后来,孔子的病好了一些,说:"仲由很久以来就干这种弄虚作假的事情。我明明没有家臣,却偏偏要装作有家臣,我骗谁呢?我骗上天吗?与其在家臣的侍候下死去,我宁可在你们这些学生的侍候下死去!而且即使我不能以大夫之礼来安葬,难道就会被丢在路边没人埋吗?"

9.13 子贡曰:"有美玉于斯,韫椟①而藏诸?求善贾②而沽诸?"子曰:"沽③之哉!沽之哉!我待贾者也。"

注 释

①韫椟:收藏物件的木匣。
②善贾:识货的商人。
③沽:卖。

译 文

子贡说:"如果这里有一块美玉,是把它收藏在匣子里呢,还是找一个识货的商人卖掉呢?"孔子说:"卖掉吧!卖掉吧!我正在等着识货的人呢。"

9.14 子欲居九夷①。或曰:"陋②,如之何?"子曰:"君子居之,何陋之有?"

注 释

①九夷:古代称东方少数民族为夷,九是形容数量之多。一说,此处的"九夷"是指淮夷。

②陋:鄙陋。

译 文

孔子想要搬到九夷去居住。有人说:"那里非常落后闭塞,怎么能住呢?"孔子说:"有君子到那里去居住,哪里还会鄙陋呢?"

9.15　子曰:"吾自卫反鲁①,然后乐正②,《雅》《颂》③各得其所。"

注 释

①自卫反鲁:公元前484年(鲁哀公十一年)冬,孔子从卫国返回鲁国,结束了十四年游历不定的生活。
②乐正:调整乐曲的篇章。
③《雅》《颂》:这是《诗经》中两类不同的诗的名称,主要根据乐曲性质分类,《雅》是在宫廷典礼上奏响的乐曲,《颂》是在祭祀时奏响的乐曲。

译 文

孔子说:"我从卫国返回鲁国以后,对乐曲作了整理订正,使《雅》《颂》各有了适当的安置。"

9.16　子曰:"出则事公卿,入则事父兄,丧事不敢不勉,不为酒困,何有于我哉?"

译 文

孔子说:"在外侍奉公卿,在家孝敬父兄,有丧事不敢不尽力去办,不被酒所困,这些事对我来说有什么困难呢?"

9.17 子在川上,曰:"逝者如斯夫!不舍昼夜。"

译 文

孔子在河边,说:"消逝的时光就像这河水一样啊,不分昼夜地向前流去。"

9.18 子曰:"吾未见好德如好色者也。"

译 文

孔子说:"我没有见过爱慕德行像爱慕美色那样热切的人。"

9.19 子曰:"譬如为山,未成一篑①,止,吾止也。譬如平地,虽覆②一篑,进,吾往也。"

注　释

①篑：盛土的竹筐。

②覆：底朝上翻过来倾倒。

译　文

孔子说："譬如用土堆山，只差一筐土就完成了，这时停下来，那是我自己要停下来的。譬如在平地上堆山，虽然只倒下一筐土，这时继续前进，那是我自己要前进的。"

9.20　子曰："语之而不惰者，其回也与！"

译　文

孔子说："听我说话而能毫不懈怠的，大概只有颜回一个人吧！"

9.21　子谓颜渊，曰："惜乎！吾见其进也，未见其止也。"

译　文

孔子谈到颜渊，说："可惜他死了呀！我只见他不断前进，从来没有看见他停下来过。"

9.22 子曰:"苗而不秀①者,有矣夫!秀而不实者,有矣夫!"

注释

①秀:谷类植物开花抽穗。

译文

孔子说:"庄稼出了苗而不能开花抽穗的情况是有的,抽穗扬花而不结果实的情况也有。"

9.23 子曰:"后生可畏,焉知来者之不如今也?四十、五十而无闻焉,斯亦不足畏也已。"

译文

孔子说:"年轻人令人敬畏,怎么知道他们的将来比不上现在这辈人呢?如果到了四五十岁时还默默无闻,那他也不值得敬畏了。"

9.24 子曰:"法语之言①,能无从乎?改之为贵。巽与之言②,能无说③乎?绎④之为贵。说而不绎,从而不改,吾末⑤如之何也已矣。"

注　释

①法语之言:法,指礼仪规则,这里指以礼法规则正言规劝。

②巽与之言:巽,恭顺,谦逊;与,称许,赞许;"巽与之言"指恭顺赞许的话。

③说:同"悦"。

④绎:原意为"抽丝",这里指推究、追求、分析、鉴别。

⑤末:没有。

译　文

孔子说:"符合礼法的正言规劝,谁能不听从呢?但听后改正自己的错误才是可贵的。恭顺赞许的话,谁听了能不高兴呢?但只有认真推究它的真伪是非才是可贵的。只是高兴而不去分析,只是表示听从而不改正错误,对这样的人我拿他实在是没有办法了。"

9.25　子曰:"主忠信。毋友不如己者。过则勿惮改。"

注　释

此章重出，见《学而篇》第八章。

译　文

孔子说："做人，主要讲求忠诚，守信用。不要同不如自己的人交朋友。如果有了过错，就不要怕改正。"

9.26　子曰："三军可夺帅也，匹夫①不可夺志也。"

注　释

①匹夫：平民百姓，主要指男子。

译　文

孔子说："一国军队，可以夺去它的主帅，但一个男子汉，他的志向不能被夺去。"

9.27　子曰："衣①敝缊袍②，与衣狐貉③者立，而不耻者，其由也与！'不忮不求，何用不臧④？'"子路终身诵之。子曰："是道也，何足以臧？"

注　释

①衣：穿，当动词用。
②缊袍：缊，旧的丝棉絮；"缊袍"指破旧的丝棉袍。
③狐貉：用狐和貉的皮做的裘皮衣服。
④不忮不求，何用不臧：这两句见《诗经·邶风·雄雉》篇。忮，嫉妒；臧，善，好。

译　文

孔子说："穿着破旧的丝棉袍子与穿着狐貉皮袍的人站在一起而不认为可耻的，大概只有仲由吧。《诗经》上说：'不嫉妒，不贪求，做什么还会不好呢？'"子路听后反复背诵这两句诗。孔子又说："只做到这样，怎么能说够好了呢？"

9.28　子曰："岁寒，然后知松柏之后凋①也。"

注　释

①凋：凋谢，凋零。

译　文

孔子说："到了寒冷的季节，才知道松柏是最后凋零的。"

9.29　子曰："知者不惑，仁者不忧，勇者不惧。"

译文

孔子说:"聪明人不会迷惑,有仁德的人不会忧愁,勇敢的人不会畏惧。"

9.30 子曰:"可与共学,未可与适道①;可与适道,未可与立②;可与立,未可与权③。"

注释

①适道:适,往;"适道"是"志于道、追求道"的意思。

②立:坚持道而不变。

③权:变通,这里引申为权衡利弊轻重。

译文

孔子说:"可以一起学习的人,未必都能学到道;能够学到道的人,未必都能够坚守道;能够坚守道的人,未必都能够通权达变。"

9.31 "唐棣①之华,偏其反而②。岂不尔思?室是远而③。"子曰:"未之思也,夫何远之有?"

注 释

①唐棣：一种植物，属蔷薇科，落叶灌木。

②偏其反而：形容花摇动的样子。

③室是远而：只是住的地方太远了。

译 文

古代有一首诗这样写道："唐棣的花朵啊，翩翩地摇摆。我岂能不想念你吗？只是由于家住的地方太远了。"孔子说："他还是没有真的想念，如果真的想念，有什么遥远的呢？"

乡党篇第十

　　本篇共二十七章，集中记载了孔子的神貌举止、衣食住行，颂扬孔子是个一举一动都符合礼的正人君子。例如，孔子在面见国君、大夫时的态度，以及他出入于公门和出使别国时的表现，都显示出其正直、仁德的品格。本篇还记载了孔子日常生活的一些侧面，为人们全面了解孔子、研究孔子提供了生动的素材。

10.1　孔子于乡党①,恂恂②如也,似不能言者。其在宗庙朝廷,便便③言,唯谨尔。

注　释

①乡党:指在家乡本地。

②恂恂:信实谦卑,温和恭顺,而又郑重谨慎的样子。

③便便:形容语言流畅。

译　文

孔子在家乡表现得信实谦卑,温和恭顺,似乎是不善于讲话的人。但他在宗庙朝廷却很善于言谈,辩论祥明,只是态度比较谨慎罢了。

10.2　朝,与下大夫①言,侃侃②如也;与上大夫言,訚訚③如也。君在,踧踖④如也,与与⑤如也。

注　释

①下大夫:周代,诸侯以下是大夫,大夫的最高一级称"卿",即"上大夫";地位低于上大夫的,称"士",孔子当时的地位属"士"。

②侃侃:说话理直气壮、不卑不亢、温和快乐的样子。

③訚訚：恭敬正直的样子。
④踧踖：恭敬而不安的样子。
⑤与与：威仪适中的样子。

译文

孔子在上朝的时候，与同级的下大夫说话，刚直和乐，从容不迫；同地位尊贵的上大夫说话，和颜悦色，中正诚恳。君王临朝到来，孔子表现出恭敬而又心中不安的样子，但又仪态适中。

10.3　君召使擯①，色勃如也②，足躩③如也。揖所与立，左右手，衣前后，襜④如也。趋进，翼如也⑤。宾退，必复命曰："宾不顾矣。"

注释

①擯：动词，通"傧"，古代称负责接引招待宾客的官员为"擯"。
②色勃如也：脸色立即庄重起来。
③躩：快步走的样子。
④襜：整齐的样子。
⑤翼如也：恭敬端正，指孔子即使快步行走时也不失仪态。

译文

鲁国国君召孔子去接待宾客，孔子的脸色立即庄重起来，脚步也快起来。他向和他站在一起的人作揖,或向左或向右地拱手,衣服前后摆动却整齐不乱。快步走的时候,像鸟儿展开双翅一样。宾客走后,必定向君主回报说:"客人已经走远了。"

10.4　入公门,鞠躬①如也,如不容。

立不中门,行不履阈②。

过位,色勃如也,足躩如也,其言似不足者。

摄齐③升堂,鞠躬如也,屏气似不息者。

出,降一等④,逞⑤颜色,怡怡如也。

没阶⑥,趋进,翼如也。

复其位,踧踖如也。

注　释

①鞠躬:谨慎而恭敬的样子。

②履阈:履,走,踩;阈,门槛;"履阈"即脚踩门槛。

③摄齐:摄,提起;齐,衣服的下摆;"摄齐"即提起衣服的下摆。

④降一等:从台阶上走下一级。

⑤逞:舒展。

⑥没阶：走完了台阶。

译 文

孔子走进朝廷的大门,显得谨慎而恭敬,好像门容不下身子的样子。

站,他不站在门的中间,走,也不踩门槛。

经过国君的座位时,他脸色立刻庄重起来,脚步也加快起来,说话也好像中气不足一样。

提起衣服下摆向堂上走的时候,恭敬谨慎,好像不呼吸一样。

退出来,走下一级台阶,脸色便舒展开了,怡然自得。

走完了台阶,便快步行进,姿态像鸟儿展翅一样。

回到自己的位置,又显出恭敬不安的样子。

10.5 执圭^①，鞠躬如也,如不胜。上如揖,下如授。勃如战色^②,足蹜蹜^③如有循^④。

享礼^⑤,有容色。

私觌^⑥,愉愉如也。

注 释

①圭：一种上圆下方的玉器,举行典礼时,不同身份的人拿着不同的圭。出使邻国,大夫拿着圭作为代表君主的凭信。

②战色：战战兢兢的样子。

③踆踆：小步走路的样子。

④如有循：好像沿着一条直线。

⑤享礼：享，献上；"享礼"指向对方贡献礼物的仪式。使者受到接见后，接着举行献礼仪式。

⑥觌：见面，会见，以礼相见。

译 文

孔子出使别国，拿着圭，恭敬谨慎，像是举不起来的样子。向上举时好像在作揖，放在下面时好像授物于人。脸色庄重好像战战兢兢，步子很小，好像沿着一条直线在前行。

在举行呈献礼物的仪式时，他容光焕发。

和国君私下会见的时候，他和颜悦色。

10.6 君子不以绀緅饰①，红紫不以为亵服②。

当暑，袗絺绤③，必表而出之④。

缁衣⑤羔裘⑥；素衣麑⑦裘；黄衣狐裘。

亵裘长，短右袂⑧。

必有寝衣⑨，长一身有半。

狐貉之厚以居⑩。

去丧,无所不佩。

非帷裳⑪,必杀之⑫。

羔裘玄冠⑬不以吊⑭。

吉月⑮,必朝服而朝。

注 释

①不以绀緅饰:绀,深青透红,是祭服的颜色;緅,黑中透红,是丧服的颜色。这里是说不以深青透红或黑中透红的颜色的布给平常穿的衣服镶边作饰物。

②红紫不以为亵服:亵服,平时在家里穿的衣服。古人认为,红紫不是正色,便服不宜用红紫色。

③袗絺绤:袗,单衣;絺,细葛布;绤,粗葛布。这里是说穿粗的或细的葛布单衣。

④必表而出之:把麻布单衣穿在里面,外面还要有外衣。

⑤缁衣:黑色的衣服。

⑥羔裘:羔皮衣。古代的羔裘都是黑羊皮,毛皮向外。

⑦麑:小鹿,毛白色。

⑧短右袂:袂,袖子;右袖短一点,是为了便于做事。

⑨寝衣:即被子。

⑩狐貉之厚以居:狐貉之厚,厚毛的狐貉皮;居,坐。

⑪帷裳:上朝和祭祀时穿的礼服,用整幅布制作,不加以裁剪,

有多余的布缝成褶子。

⑫必杀之：一定要裁去多余的布。杀，裁去。

⑬玄冠：黑色的礼帽。

⑭不以吊：不用于丧事。

⑮吉月：每月初一。一说正月初一。

译 文

君子不用深青透红或黑中透红的布镶边，不用红色或紫色的布做平常在家穿的衣服。

夏天，穿粗葛布或细葛布做的单衣，但如果出去则一定套上外衣。

黑色的外套配羔羊皮裘，白色的外套配小鹿皮裘，黄色的外套配狐皮裘。

平常在家穿的皮裘做得长一些，但右边的袖子短一些。

睡觉一定要有被子，长度为身长再过半。

用狐貉的厚毛皮做坐垫。

丧服期满，脱下丧服后，什么饰物都可佩带在身上。

如果不是上朝和祭祀时穿的礼服，一定要加以剪裁。

不穿着黑色的羔羊皮袍、戴着黑色的帽子去吊丧。

每月初一，一定要穿着礼服去朝拜君主。

10.7 齐①，必有明衣②，布。齐必变食③，居必迁坐④。

注　释

①齐：同"斋"，斋戒。
②明衣：斋前沐浴后穿的浴衣。
③变食：改变平常的饮食，指不饮酒，不吃葱、蒜等有刺激味的东西。
④居必迁坐：指从内室迁到外室居住，不和妻妾同房。

译　文

斋戒沐浴的时候，一定要有浴衣，用布做的。

斋戒的时候，一定要改变平常的饮食，居住也一定搬移地方，不与妻妾同房。

10.8　食不厌精，脍①不厌细。

食馈②而餲③，鱼馁④而肉败⑤，不食。色恶不食。臭恶不食。失饪⑥不食。不时⑦不食。割不正⑧不食。不得其酱不食。

肉虽多，不使胜食气⑨。惟酒无量，不及乱⑩。

沽酒市脯⑪不食。

bù chè jiāng shí　　bù duō shí

不撤姜食,不多食。

注　释

①脍:切细的鱼肉。

②饐:陈旧,指食物放置时间长了。

③餲:变味了。

④馁:鱼腐烂。

⑤败:肉腐烂。

⑥饪:烹调。

⑦不时:不到饮食时间。

⑧割不正:肉切得不方正。

⑨气:同"饩",音 xì,即食物。

⑩不及乱:乱,指酒醉,"不及乱"即不喝醉。

⑪脯:干肉。

译　文

粮食不嫌做得精,鱼和肉不嫌切得细。

粮食陈旧变味了,鱼和肉腐烂了,都不吃。食物的颜色变了,不吃。气味变了,不吃。烹调不当,不吃。不到饮食时间,不吃。肉切得不方正,不吃。佐料放得不适当,不吃。

席上的肉虽多,但吃肉的量不超过主食的量。只有酒没有限制,但不能喝醉。

买来的酒和肉干不吃。

饭后留着姜不撤，但也不多吃。

10.9 祭于公，不宿肉①。祭肉②不出三日。出三日，不食之矣。

注 释

①不宿肉：不使肉过夜。古代大夫参加国君祭祀以后，可以得到国君赐的祭肉。但祭祀活动一般要持续两三天，所以这些肉就已经不新鲜，不能再过夜了。

②祭肉：家祭用的肉。

译 文

参加国君祭祀典礼时分到的肉，不能留到第二天。家祭用过的肉存放不超过三天，超过三天，就不吃了。

10.10 食不语，寝不言。

译 文

吃饭的时候不说话，睡觉的时候也不说话。

10.11 虽疏食菜羹①，必祭②，必齐③如也。

注　释

①菜羹:用菜做成的汤。

②必祭:古人在吃饭前,把席上各种食品分出少许,放在食具之间,用以祭先代发明饮食的人,表示不忘本。

③齐:同"斋"。

译　文

即使是粗米饭蔬菜汤,吃饭前也要把它们取出一些先行祭礼,而且要像斋戒时那样严肃恭敬。

10.12　席^①不正,不坐。
　　　　xí　bù zhèng　bù zuò

注　释

①席:古代没有椅子和桌子,都坐在铺于地面的席子上。

译　文

席子放得不端正,不坐。

10.13　乡人饮酒^①,杖者^②出,斯出矣。
　　　　xiāng rén yǐn jiǔ　zhàng zhě　chū　sī chū yǐ

注　释

①乡人饮酒:指当时的乡饮酒礼。

②杖者:拿拐杖的人,指老年人。

译 文

乡饮酒礼的礼仪结束后,一定要等老年人先出去,然后自己才出去。

10.14 乡人傩①,朝服而立于阼阶②。

注 释

①傩:古代驱逐疫鬼的宗教仪式。

②阼阶:东面的台阶。主人立在大堂东面的台阶,在这里欢迎客人。

译 文

乡人举行驱逐疫鬼的宗教仪式时,孔子总是穿着朝服站在东边的台阶上。

10.15 问①人于他邦,再拜而送之②。

注 释

①问:问候。古代人在问候时往往要致送礼物。

②再拜而送之:在送别客人时,两次拜别。

译 文

孔子托人向在其他诸侯国的朋友问候送礼,便向受托者拜两

次送行。

10.16 康子馈药，拜而受之。曰："丘未达，不敢尝。"

译文

季康子给孔子赠送药品，孔子拜谢之后接受了，说："我对药性不了解，不敢尝。"

10.17 厩焚。子退朝，曰："伤人乎？"不问马。

译文

孔子家的马棚失火烧掉了。孔子退朝回来，说："伤人了吗？"不问马的情况怎么样。

10.18 君赐食，必正席先尝之。君赐腥①，必熟而荐②之。君赐生③，必畜之。侍食于君，君祭，先饭。

注释

①腥：生肉。

②荐：在祖先神位上供奉。

③生：通"牲"，活物。

译 文

国君赐给熟食，孔子一定摆正坐席先尝一尝。国君赐给生肉，煮熟了一定先给祖宗上供。国君赐给活物，一定要饲养起来。

侍奉国君一道吃饭，在国君举行饭前祭礼的时候，一定要先尝一尝。

10.19 疾，君视之，东首①，加朝服，拖绅②。

注 释

①东首：头朝东躺着，这里表示正面对着国君。

②绅：古代士大夫束在腰间的大带，一端下垂。

译 文

孔子病了，国君来探视，他便头朝东躺着，身上披着朝服，拖着大带子。

10.20 君命召，不俟驾行矣。

译 文

国君召见孔子，他不等车马驾好就先步行前往。

rù tài miào měi shì wèn

10.21 入太庙，每事问。

注释

此章重出，已见《八佾篇》第十五章。

译文

孔子进入鲁国太庙助祭，对每件事都向主事人仔细询问。

péng yǒu sǐ wú suǒ guī yuē yú wǒ bìn

10.22 朋友[①]死，无所归，曰："于我殡[②]。"

注释

①朋友：指与孔子志同道合的人。

②殡：停放灵柩和埋葬都可以叫"殡"，这里泛指丧葬事务。

译文

孔子的朋友死了，没有亲属负责收殓，孔子说："丧事由我来办吧。"

péng yǒu zhī kuì suī jū mǎ fēi jì ròu bù bài

10.23 朋友之馈，虽车马，非祭肉，不拜。

译 文

朋友馈赠物品，即使是车马，但只要不是祭肉，孔子在接受时也是不拜的。

10.24 寝(qǐn)不(bù)尸(shī)，居(jū)不(bù)客(kè)。

译 文

孔子睡觉不像死尸一样挺着，平日居家也不像做客或接待客人时那样庄重严肃。

10.25 见(jiàn)齐(zī)衰(cuī)①者(zhě)，虽(suī)狎(xiá)必(bì)变(biàn)。见(jiàn)冕(miǎn)者(zhě)与(yǔ)瞽(gǔ)者(zhě)③，虽(suī)亵(xiè)④必(bì)以(yǐ)貌(mào)。凶(xiōng)服(fú)⑤者(zhě)式(shì)⑥之(zhī)。式(shì)负(fù)版(bǎn)者(zhě)⑦。有(yǒu)盛(shèng)馔(zhuàn)⑧，必(bì)变(biàn)色(sè)而(ér)作(zuò)⑨。迅(xùn)雷(léi)风(fēng)烈(liè)必(bì)变(biàn)。

注 释

①齐衰：指丧服。
②狎：亲近。
③瞽者：盲人，指乐师。

④亵：常相见，熟悉。

⑤凶服：丧服。

⑥式：通"轼"，古代车辆前部的横木，这里作动词用。遇见地位高的人或其他人时，驭手身子向前微俯，伏在横木上，以示尊敬或者同情，这在当时是一种礼节。

⑦负版者：背负国家图籍的人。当时无纸，用木版来书写，故称"版"。

⑧馔：饮食。盛馔：盛大的宴席。

⑨作：站起来。

译 文

看见穿丧服的人，即使是关系很亲密的，也一定要改变神情以示哀悼。看见戴着礼帽的人和盲人，即使是常在一起的，也一定要有礼貌。

在车上遇见穿丧服的人，一定俯伏在车前横木上以示哀悼。遇见背负国家图籍的人，也这样做以示敬意。

作客时，如果有丰盛的筵席，一定改变神色，并站起来致谢。

遇见迅雷大风，一定要改变神色以示对上天的敬畏。

10.26 升车，必正立，执绥①。车中不内顾②，不疾言③，不亲指④。

注 释

①绥：登车用的扶手带。

②内顾：回头看。

③疾言：大声说话。

④不亲指：不指指点点。

译文

上车时，一定先直立站好，然后拉着扶手带上车。

在车上，不回头看，不高声说话，不指指点点。

10.27 色斯举矣①，翔而后集②。曰："山梁雌雉③，时哉时哉④！"子路共⑤之，三嗅而作⑥。

注释

①色斯举矣：色，脸色；举，鸟飞起来。

②翔而后集：飞翔一阵，然后落到树上。鸟群停在树上叫"集"。

③山梁雌雉：聚集在山梁上的母野鸡。

④时哉时哉：得其时呀！得其时呀！这是说野鸡时运好，能自由飞翔，自由落下。

⑤共：通"拱"。

⑥三嗅而作：嗅应为"狊"字之误。狊，音jú，鸟张开两翅。一本作"戛"字，指鸟的长叫声。

译 文

野鸡一见人的脸色不善就高高飞起,盘旋一阵然后停在树上。孔子说:"这些山梁上的母野鸡,得其时呀!得其时呀!"子路向它们拱拱手,野鸡拍打着翅膀又飞走了。

先进篇第十一

　　本篇共有二十六章,其中著名的文句有"未能事人,焉能事鬼?""未知生,焉知死""过犹不及"等。这一篇中包括孔子对弟子们的评价,并以此为例说明"过犹不及"的中庸思想,还包括学习各种知识与日后做官的关系以及孔子对待鬼神和生死问题的态度。最后一章里,孔子和他的学生们各述其志向,反映出孔子政治思想上的倾向。

11.1　子曰:"先进于礼乐①,野人②也;后进③于礼乐,君子④也。如用之,则吾从先进。"

注　释

①先进于礼乐:指先学习礼乐而后再做官的人。

②野人:指没有爵禄的士人。

③后进:先做官后学习礼乐的人。

④君子:这里指可享父兄庇荫的卿大夫子弟。

译　文

孔子说:"先学习礼乐而后再做官的人,是一般的士人;先当了官然后再学习礼乐的人,是卿大夫的子弟。如果我选用人才,那我主张选用先学习礼乐的人。"

11.2　子曰:"从我于陈、蔡①者,皆不及门②也。"

注　释

①陈、蔡:均为国名。

②不及门:门,指孔子门下;不及门,是说不在跟前受教。

译 文

孔子说:"曾跟随我在陈、蔡两国间受困的学生,现在都不在我身边受教了。"

11.3 德行①:颜渊,闵子骞,冉伯牛,仲弓。言语②:宰我,子贡。政事③:冉有,季路。文学④:子游,子夏。

注 释

①德行:指能实行孝悌、忠恕等道义。

②言语:指善于辞令。

③政事:指能从事政治事务。

④文学:指通晓诗、书、礼、乐等古代文献。

译 文

孔子的学生中德行好的有:颜渊、闵子骞、冉伯牛、仲弓;善于辞令的有:宰我、子贡;擅长政事的有:冉有、季路;通晓文献知识的有:子游、子夏。

11.4 子曰:"回也非助我者也,于吾言无所不说。"

译　文

孔子说:"颜回不是对我有帮助的人,他对我说的话没有不心悦诚服的。"

11.5　子曰:"孝哉闵子骞!人不间^①于其父母昆^②弟之言。"

注　释

①间:非难,批评,挑剔。
②昆:哥哥,兄长。

译　文

孔子说:"闵子骞真是孝顺呀!人们对于他的父母兄弟称赞他的话都没有什么异议。"

11.6　南容三复白圭^①,孔子以其兄之子妻之。

注　释

①白圭:白玉制的礼器。这里指《诗经·大雅·抑》中关于白圭的诗句:"白圭之玷,尚可磨也。斯言之玷,不可为也。"意思是白玉上的污点还可以磨掉,我们言论中有毛病,就无法挽回了。这是

告诫人们要言语谨慎。

译文

南容反复诵读关于白圭的那几句诗,孔子把侄女嫁给了他。

11.7 季康子问:"弟子孰为好学?"孔子对曰:"有颜回者好学,不幸短命死矣,今也则亡。"

译文

季康子问孔子:"你的学生中谁好学?"孔子回答说:"有一个叫颜回的学生很好学,不幸短命死了,现在再也没有像他那样好学的了。"

11.8 颜渊死,颜路①请子之车以为之椁②。子曰:"才不才,亦各言其子也。鲤③也死,有棺而无椁。吾不徒行以为之椁。以吾从大夫之后④,不可徒行也。"

注释

①颜路:颜无繇(yóu),字路,颜渊的父亲,也是孔子的学生,生

于公元前545年。

②椁：古人所用棺材有两层，内为棺，外为椁。

③鲤：孔子的儿子，字伯鱼，死时50岁。

④从大夫之后：孔子在鲁国曾任司寇，是大夫一级的官员。

译文

颜渊死了，他的父亲颜路请求孔子卖掉车子，给颜渊买个外椁。孔子说："虽然颜渊和鲤一个有才一个无才，但各自都是自己的儿子。孔鲤死的时候，也是有棺无椁。我没有卖掉自己的车子步行而给他买椁。因为我曾身居大夫之列，是不可以徒步出行的。"

11.9　颜渊死。子曰："噫！天丧予！天丧予！"

译文

颜渊死了，孔子说："唉！老天爷真要我的命呀！老天爷真要我的命呀！"

11.10　颜渊死，子哭之恸①。从者曰："子恸矣！"曰："有恸乎？非夫②人之为恸而谁为？"

注 释

①恸：哀伤过度，过于悲痛。

②夫：指示代词，此处指颜渊。

译 文

颜渊死了，孔子哭得极其悲痛。跟随孔子的人说："您悲痛过度了！"孔子说："是悲伤过度了吗？我不为这个人悲伤过度，又为谁呢？"

11.11 颜渊死，门人欲厚葬①之。子曰："不可。"门人厚葬之。子曰："回也视予犹父也，予不得视犹子也②。非我也，夫③二三子也。"

注 释

①厚葬：隆重地安葬。

②予不得视犹子也：我不能把他当亲生儿子一样看待。

③夫：语助词。

译 文

颜渊死了,孔子的学生们想要隆重地安葬他。孔子说:"不能这样做。"

学生们仍然隆重地安葬了他。孔子说:"颜回把我当父亲一样看待,我却不能把他当亲生儿子一样看待。这不是我的主张,是那些学生们这样做的呀。"

11.12 季路问事鬼神。子曰:"未能事人,焉能事鬼?"

曰:"敢问死。"曰:"未知生,焉知死?"

译 文

季路问怎样侍奉鬼神。孔子说:"没能侍奉好人,怎么能侍奉鬼呢?"

季路又问:"我斗胆问问死是怎么回事?"孔子回答说:"还不知道活着的道理,怎么能知道死呢?"

11.13 闵子侍侧,訚訚①如也;子路,行行②如也;冉有、子贡,侃侃③如也。子乐。

"若由也,不得其死然"。

注 释

①訚訚:和颜悦色的样子。

②行行:刚强的样子。

③侃侃:说话理直气壮。

译 文

闵子骞侍立在孔子身旁,一派和悦而温顺的样子;子路是一副刚强的样子;冉有、子贡是温和快乐的样子。孔子高兴了。但孔子又说:"像仲由这样,怕不能够善终呢!"

11.14 鲁人①为长府②。闵子骞曰:"仍旧贯③,如之何?何必改作?"子曰:"夫人④不言,言必有中。"

注 释

①鲁人:这里指鲁国的当权者。

②为长府:为,这里是"改建"的意思;藏财货、兵器等的仓库叫"府","长府"是鲁国的国库名。

③仍旧贯:贯,事,例;"仍旧贯"即沿袭老样子。

④夫人:这个人。

译 文

鲁国翻修长府的国库。闵子骞道:"照老样子下去又怎么样呢?何必改建呢?"孔子道:"这个人平日不大开口,一开口就说到要害上。"

11.15 子曰:"由之瑟①,奚为于丘之门②?"门人不敬子路。子曰:"由也升堂矣,未入于室也。"③

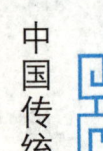

注 释

①瑟:一种古乐器,与古琴相似。

②奚为于丘之门:奚,为什么;为,弹。这句话意为"为什么在我这里弹呢"。

③堂是正厅,室是内室,用以形容学习程度的深浅。

译 文

孔子说:"仲由弹瑟,为什么在我这里弹呢?"孔子的学生们因此都不尊重子路。孔子便说:"仲由嘛,他的学问已经登入堂中,只是还没有入室罢了。"

11.16 子贡问:"师与商①也孰贤?"子

曰:"师也过,商也不及。"

曰:"然则师愈^②与?"子曰:"过犹不及。"

注释

①师与商:师,颛孙师,即子张;商,卜商,即子夏。
②愈:胜过,强些。

译文

子贡问孔子:"子张和子夏二人谁更好一些呢?"孔子回答说:"子张有些过度,子夏不足。"

子贡说:"那么是子张好一些吗?"孔子说:"过度和不足是一样的。"

11.17 季氏富于周公^①,而求也为之聚敛^②而附益^③之。子曰:"非吾徒也。小子鸣鼓而攻之,可也。"

注释

①季氏富于周公:季氏比周朝的公侯还要富有。
②聚敛:积聚和收集钱财,即搜刮。
③益:增加。

译 文

季氏比周朝的公侯还要富有,而冉求还帮他搜刮钱财来增加他的财富。孔子说:"他不是我的学生了,你们尽可以大张旗鼓地去声讨他。"

11.18　柴①也愚②,参也鲁③,师也辟④,由也喭⑤。

注 释

①柴:高柴,字子羔,孔子学生,比孔子小30岁,公元前521年出生。

②愚:旧注云"愚直之愚",指愚而耿直,不是"傻"的意思。

③鲁:迟钝。

④辟:偏激。

⑤喭:刚猛。

译 文

高柴愚直,曾参鲁钝,颛孙师偏激,仲由刚猛。

11.19　子曰:"回也其庶①乎,屡空②。赐不受命,而货殖③焉,亿④则屡中。"

【注　释】

①庶：相近，差不多，这里指颜渊的学问道德接近于完善。

②空：贫困，匮乏。

③货殖：经商营利。

④亿：同"臆"，猜测，估计。

【译　文】

孔子说："颜回的学问道德接近于完善了吧，可是他常常贫困。端木赐未受官方之命而私自经商牟利，他猜测市场行情往往很准确。"

11.20　子张问善人①之道。子曰："不践迹②，亦不入于室③。"

【注　释】

①善人：指本质善良但没有经过学习的人。

②践迹：迹，脚印；"践迹"即踩着前人的足迹走。

③入于室：比喻学问和修养达到了精深地步。

【译　文】

子张问善人怎么样。孔子说："善人不沿着别人的足迹走，但他的道德学问也难以精深入室。"

11.21　子曰:"论笃是与①,君子者乎?色庄者乎?"

注释

①论笃是与:论,言论;笃,诚恳;与,赞许。此句是对说话笃实诚恳的人表示赞许。

译文

孔子说:"总是对言论实在的人表示赞许,但他是真正的君子呢?还是表面上做出庄重的样子呢?"

11.22　子路问:"闻斯行诸?"子曰:"有父兄在,如之何其闻斯行之?"

冉有问:"闻斯行诸?"子曰:"闻斯行之。"

公西华曰:"由也问'闻斯行诸',子曰'有父兄在';求也问'闻斯行诸',子曰'闻斯行之'。赤也惑,敢问。"子曰:"求也退,故进之。由也兼人①,故退之。"

注　释

①兼人:好勇过人。

译　文

子路问:"听到了就该行动吗?"孔子说:"有父兄在,怎么能一听到就擅自行动呢?"

冉有问:"听到了就该行动吗?"孔子说:"听到了就行动。"

公西华说:"仲由问听到了就该行动吗,您回答说'有父兄健在';冉求问听到了就该行动吗,您回答'听到了就行动'。我被弄糊涂了,敢再问个明白。"孔子说:"冉求容易退缩,所以要鼓励他。仲由好勇过人,所以要约束他。"

11.23　子畏于匡,颜渊后。子曰:"吾以女为死矣。"曰:"子在,回何敢死?"

译　文

孔子在匡地受到当地人围困,颜渊最后才逃出来。孔子说:"我以为你已经死了呢。"颜渊说:"您还活着,我怎么敢死呢?"

11.24　季子然①问:"仲由、冉求可谓大

臣与？"子曰："吾以子为异之问，曾②由与求之问。所谓大臣者，以道事君，不可则止。今由与求也，可谓具臣③矣。"

曰："然则从之④者与？"子曰："弑父与君，亦不从也。"

注　释

①季子然：鲁国季氏的子弟。

②曾：乃。

③具臣：备位充数的臣。

④之：代名词，这里指季氏。当时冉求和子路都是季氏的家臣。

译　文

季子然问："仲由和冉求可以算是大臣吗？"孔子说："我以为你是问别人，原来是问由和求呀。所谓大臣，应该用周公之道的要求来侍奉君主，如果这样不行，宁肯辞职不干。现在由和求这两个人，只能算是充数的臣子罢了。"

季子然又问："那么他们会一切都听从任用他们的人吗？"孔子说："杀父亲、杀君主的事，他们也不会跟着干的。"

11.25　子路使子羔为费宰。子曰："贼①夫人之子②。"

子路曰："有民人焉，有社稷③焉，何必读书，然后为学？"

子曰："是故恶夫佞者。"

注　释

①贼：害。

②夫人之子：指子羔。孔子认为他没有经过很好的学习就去从政，这会害了他自己的。

③社稷：社，土地神；稷，谷神。这里"社稷"指祭祀土地神和谷神的地方，即社稷坛。古代国都及各地都设立社稷坛，分别由国君和地方长官主祭，故社稷成为国家政权的象征。

译　文

子路让子羔去担任费地的长官。孔子说："这简直是害人子弟。"

子路说："那个地方有老百姓，有社稷，治理百姓和祭祀神灵都是学习，难道一定要读书才算学习吗？"

孔子说："所以我讨厌那种强词夺理的人。"

11.26 子路、曾晳①、冉有、公西华侍坐。

子曰："以吾一日长乎尔，毋吾以也②。居③则曰：'不吾知也！'如或知尔，则何以哉④？"

子路率尔⑤而对曰："千乘之国，摄⑥乎大国之间，加之以师旅，因之以饥馑，由也为之，比及⑦三年，可使有勇，且知方⑧也。"

夫子哂⑨之。

"求！尔何如？"

对曰："方六七十⑩，如⑪五六十，求也为之，比及三年，可使足民。如其礼乐，以俟君子。"

"赤！尔何如？"

对曰："非曰能之，愿学焉。宗庙之事⑫，如会同⑬，端章甫⑭，愿为小相⑮焉。"

"点！尔何如？"

鼓瑟希⑯，铿尔，舍瑟而作⑰，对曰："异乎三子者之撰。"

论语

子曰："何伤乎？亦各言其志也。"

曰："莫⑱春者，春服既成，冠者⑲五六人，童子六七人，浴乎沂⑳，风乎舞雩㉑，咏而归。"

夫子喟然叹曰："吾与点也！"

三子者出，曾皙后。曾皙曰："夫三子者之言何如？"

zǐ yuē yì gè yán qí zhì yě yǐ yǐ
子曰："亦各言其志也已矣。"

yuē fū zǐ hé shěn yóu yě
曰："夫子何哂由也？"

yuē wéi guó yǐ lǐ qí yán bù ràng shì gù shěn zhī
曰："为国以礼，其言不让，是故哂之。"

wéi qiú zé fēi bāng yě yú
"唯求则非邦也与？"

ān jiàn fāng liù qī shí rú wǔ liù shí ér fēi bāng yě zhě
"安见方六七十如五六十而非邦也者？"

wéi chì zé fēi bāng yě yú
"唯赤则非邦也与？"

zōng miào huì tóng fēi zhū hóu ér hé chì yě wéi zhī xiǎo shú néng wéi zhī dà
"宗庙会同，非诸侯而何？赤也为之小，孰能为之大？"

注释

①曾皙：名点，字皙，曾参的父亲，也是孔子的学生。

②以吾一日长乎尔，毋吾以也：虽然我比你们的年龄稍长一些，但你们不要因此不敢说话。

③居：平日家居。

④则何以哉：何以，即何以为用。

⑤率尔：轻率，急切。

⑥摄：迫于，夹于。

⑦比及：等到。

⑧方:指道义。

⑨哂:微笑。

⑩方六七十:纵横各六七十里。

⑪如:或者。

⑫宗庙之事:指祭祀之事。

⑬会同:诸侯会盟。

⑭端章甫:端,古代礼服的名称;章甫,古代礼帽的名称。

⑮相:赞礼人,司仪。

⑯希:同"稀",指弹瑟的速度放慢,节奏逐渐稀疏。

⑰作:站起来。

⑱莫:同"暮"。

⑲冠者:成年人。古代子弟到20岁时行冠礼,表示已经成年。

⑳浴乎沂:沂,水名,发源于山东南部,流经江苏北部入海;"浴乎沂"即在水边洗头面手足。

㉑舞雩:地名,原是祭天求雨的地方,在今山东曲阜。

论语

译 文

子路、曾晳、冉有、公西华四个人陪孔子坐着。

孔子说:"我年龄比你们大一些,但你们不要因为我年长而不敢说话。你们平时总说:'没有人了解我呀!'假如有人了解你们,那你们要怎样去做呢?"

子路赶忙回答:"一个拥有一千辆兵车的国家,夹在大国中间,常常受到别的国家侵犯,加上国内又闹饥荒,让我去治理,只要三年,就可以使人们充满勇气,而且懂得道义。"

孔子听了，微微一笑。

孔子又问："冉求，你怎么样呢？"

冉求答道：国土有六七十里或五六十里见方的国家，让我去治理，三年以后，就可以使百姓富足。至于这个国家的礼乐教化，就要等君子来施行了。"

孔子又问："公西赤，你怎么样？"

公西赤答道："我不敢说能做到，但我愿意这样学习。在宗庙祭祀的活动中，或者在同别国的盟会中，我愿意穿着礼服，戴着礼帽，做一个小小的司仪。"

孔子又问："曾点，你怎么样呢？"

曾点正在弹瑟，这时瑟声渐疏，接着"铿"的一声停止了，他推开瑟站起来，回答说："我想的和他们三位说的不一样。"

孔子说："那有什么关系呢？也就是各人讲讲自己的志向而已。"

曾晳说："暮春时节，已经穿上了春天的衣服，我和五六位成年人，六七个少年，去沂河里洗洗澡，在舞雩台上吹吹风，一路唱着歌走回来。"

孔子长叹一声说："我是赞成曾晳的想法的。"

子路、冉有、公西华三个人都出去了，曾晳后走。他问孔子说："他们三人的话怎么样？"

孔子说："也就是各自谈谈自己的志向罢了。"

曾晳说："您为什么要笑仲由呢？"

孔子说："治理国家要讲礼让，可是他说话一点也不谦让，所以我笑了。"

曾皙又问:"那么冉求讲的不是治理国家吗?"

孔子说:"哪里见得六七十里或五六十里见方的地方就不是国家呢?"

曾皙又问:"公西赤讲的不是治理国家吗?"

孔子说:"宗庙祭祀和诸侯会盟,这不是诸侯国的事又是什么?像赤这样的人如果只能做一个小司仪,那谁又能做大司仪呢?"

论语

颜渊篇第十二

　　本篇共计二十四章,其中著名的文句有"克己复礼为仁。一日克己复礼,天下归仁焉""非礼勿视,非礼勿听,非礼勿言,非礼勿动""己所不欲,勿施于人""死生有命,富贵在天""四海之内,皆兄弟也""君子成人之美,不成人之恶""君子以文会友,以友辅仁"。本篇中,孔子的几位弟子问他怎样才是仁,这几段是研究者们经常引用的。除此之外,孔子还谈到怎样算是君子等问题。

12.1

颜渊问仁。子曰:"克己复礼①为仁。一日克己复礼,天下归仁②焉。为仁由己,而由人乎哉?"

颜渊曰:"请问其目③。"子曰:"非礼勿视,非礼勿听,非礼勿言,非礼勿动。"

颜渊曰:"回虽不敏,请事④斯语矣。"

注释

①克己复礼:克己,克制自己;复礼,使自己的言行符合礼的要求。

②归仁:归,归顺;仁,仁道。

③目:具体的条目。目和纲相对。

④事:从事,照着去做。

译文

颜渊问怎样做才是仁。孔子说:"克制自己,一切都照着礼的要求去做,这就是仁。一旦这样做了,天下的一切就都归于仁了。实行仁德完全在于自己,难道还在于别人吗?"

颜渊说:"请问实行仁的条目。"孔子说:"不合礼的不要看,不合礼的不要听,不合礼的不要说,不合礼的不要做。"

颜渊说:"我虽然愚笨,也要照您的这些话去做。"

12.2 仲弓问仁。子曰:"出门如见大宾,使民如承大祭①。己所不欲,勿施于人。在邦无怨,在家无怨②。"

仲弓曰:"雍虽不敏,请事斯语矣。"

注 释

①出门如见大宾,使民如承大祭:这句话是说,出门办事就像迎接贵宾一样,役使百姓就像承当重大祭礼一样。

②在邦无怨,在家无怨:邦,诸侯统治的国家;家,指卿大夫家。

译 文

仲弓问怎样做才是仁。孔子说:"出门办事如同去接待贵宾,使唤百姓如同去进行重大的祭祀。自己不愿意的事,不要强加于别人。在诸侯国做事没有怨恨,在卿大夫家做事也没有怨恨。"

仲弓说:"我虽然愚笨,也要照您的话去做。"

12.3 司马牛①问仁。子曰:"仁者,其言也讱。"

曰:"其言也讱②,斯谓之仁已乎?"子曰:"为之难,言之得无讱乎?"

注 释

①司马牛:姓司马,名耕,字子牛,孔子的学生。
②讱:话难说出口,这里引申为说话谨慎。

译 文

司马牛问怎样做才是仁。孔子说:仁人说话是慎重的。"

司马牛说:"说话慎重,这就叫仁了吗?"孔子说:"做起来很困难,说起来能不慎重吗?"

12.4 司马牛问君子。子曰:"君子不忧不惧。"

曰:"不忧不惧,斯谓之君子已乎?"子曰:"内省不疚,夫何忧何惧?"

译 文

司马牛问怎样做一个君子。孔子说:"君子不忧愁,不恐惧。"

司马牛说:"不忧愁,不恐惧,这样就可以叫君子了吗?"孔子说：“自己问心无愧，那还有什么忧愁和恐惧的呢？”

12.5 司马牛忧曰：“人皆有兄弟，我独亡。”子夏曰："商闻之矣：死生有命，富贵在天。君子敬而无失，与人恭而有礼。四海之内，皆兄弟也。君子何患乎无兄弟也？”

译 文

司马牛忧愁地说："别人都有兄弟，唯独我没有。"子夏说："我听说过死生有命，富贵在天。君子只要对待所做的事情严肃认真，不出差错，对人恭敬而合乎礼的规定，那么，天下人就都是自己的兄弟了。君子何愁没有兄弟呢？"

12.6 子张问明。子曰："浸润之谮①，肤受之愬②，不行焉，可谓明也已矣。浸润之谮，肤受之愬，不行焉，可谓远也已矣。"

注 释

①浸润之谮：谮，谗言，诬陷。这句话是说像水那样一点一滴地渗进来的谗言不易觉察。

②肤受之愬：愬，诬告。这句话是说像皮肤感觉到疼痛那样的诬告，即直接的诽谤。

译文

子张问怎样做才算是明智的。孔子说："像水润物那样暗中挑拨的坏话，像切肤之痛那样直接的诽谤，在你那里都行不通，那你可以算是明智的了。暗中挑拨的坏话和直接的诽谤，在你那里都行不通，那你可以算是有远见的了。"

12.7 子贡问政。子曰："足食，足兵，民信之矣。"

子贡曰："必不得已而去，于斯三者何先？"曰："去兵。"

子贡曰："必不得已而去，于斯二者何先？"曰："去食。自古皆有死，民无信不立。"

译文

子贡问怎样治理政事。孔子说：'粮食充足，军备充足，老百姓信任统治者。"

子贡说："如果不得不去掉一项，那么在三项中先去掉哪一项呢?"孔子说:"去掉军备。"

子贡说:"如果不得不再去掉一项,那么在余下的两项中去掉哪一项呢?"孔子说:"去掉粮食。自古以来人总是要死的,如果老百姓对统治者不信任,那么国家就不能存在了。"

12.8 棘子成①曰:"君子质而已矣,何以文为?"子贡曰:"惜乎,夫子之说君子也。驷不及舌②。文犹质也,质犹文也。虎豹之鞟③犹犬羊之鞟。"

注 释

①棘子成:卫国大夫。古代大夫都可以被尊称为夫子,所以子贡这样称呼他。

②驷不及舌:指话一说出口,就收不回来了;驷,拉一辆车的四匹马。

③鞟:去掉毛的兽皮,即皮革。

译 文

棘子成说:"君子只要具有好的品质就行了,何必再要讲究文采呢?"子贡说:"真遗憾,夫子您竟这样谈论君子。这可是一言既出,驷马难追。本质与文采,文采与本质,都是同等重要的。去掉了毛的虎皮、豹皮,就如同去掉了毛的犬皮、羊皮一样。"

12.9　哀公问于有若曰:"年饥,用不足,如之何?"

有若对曰:"盍彻乎①?"

曰:"二②,吾犹不足,如之何其彻也?"

对曰:"百姓足,君孰与不足?百姓不足,君孰与足?"

注　释

①盍彻乎:盍,何不;彻,十分抽一的田税制度。

②二:抽取十分之二的税。

译　文

鲁哀公问有若说:"遭了饥荒,国家用度困难,怎么办?"

有若回答说:"为什么不实行彻法,只抽十分之一的田税呢?"

哀公说:"现在抽十分之二,我还不够,怎么能实行彻法呢?"

有若说:"如果百姓的用度够,您怎么会不够呢?如果百姓的用度不够,您又怎么会够呢?"

12.10　子张问崇德①辨惑②。子曰:

"主忠信，徙义③，崇德也。爱之欲其生，恶之欲其死。既欲其生，又欲其死，是惑也！'诚不以富，亦祇以异④。'"

注 释

①崇德：提高道德修养的水平。
②惑：迷惑，不分是非。
③徙义：徙，迁移；"徙义"是指向义靠拢。
④诚不以富，亦祇以异：这是《诗经·小雅·我行其野》篇的最后两句。孔子在这里引此句，令人费解。

译 文

子张问怎样提高道德修养水平，提高辨别是非迷惑的能力。孔子说："以忠信为己之主，使自己的思想合于义，这就是提高道德修养水平了。爱一个人，就希望他长寿，厌恶起来就恨不得他立刻死去。既要他活，又要他死，这就是迷惑。'这确实是对自己无益，只是令人奇怪。'"

12.11 齐景公①问政于孔子。孔子对曰："君君，臣臣，父父，子子。"公曰："善哉！信如君不君，臣不臣，父不父，子不子，虽有粟，吾得而食诸？"

注 释

①齐景公：名杵臼，音 chǔjiù，齐国国君。

译 文

齐景公问孔子如何治理国家。孔子说："做君主的要像君主的样子，做臣子的要像臣子的样子，做父亲的要像父亲的样子，做儿子的要像儿子的样子。"齐景公说："讲得好呀！如果君不像君，臣不像臣，父不像父，子不像子，即使有粮食，我能吃得上吗？"

12.12 子曰："片言①可以折狱②者，其由也与③？"

子路无宿诺④。

注 释

①片言：诉讼双方中一方的言辞，即片面之词，古时也叫"单辞"。

②折狱：狱，案件；"折狱"即断案。

③其由也与：大概只有仲由吧。

④宿诺：宿，久；"宿诺"即拖了很久而没有兑现的诺言。

译 文

孔子说:"只听了单方面的供词就可以判决案件的,大概只有仲由吧。"

子路这里从来没有不及时兑现的诺言。

12.13 子曰:"听讼①,吾犹人也。必也使无讼②乎!"

注 释

①听讼:讼,诉讼;"听讼"即审理诉讼案件。
②使无讼:使人们之间没有诉讼案件。

译 文

孔子说:"审理诉讼案件,我同别人是一样的。重要的是必须使诉讼的案件不发生才好啊!"

12.14 子张问政。子曰:"居之无倦,行之以忠。"

译 文

子张问如何治理政事。孔子说:"居于官位不懈怠,执行君令要出于忠心。"

12.15 子曰:"博①学于文②,约③之以礼,亦可以弗畔④矣夫。"

注释

①博:广泛地。

②文:文献典籍。

③约:约束。

④畔:同"叛",指离经叛道。

译文

孔子说:"君子广泛地学习文献典籍,并且用礼来约束自己,也就可以不离经叛道了啊!"

12.16 子曰:"君子成人之美,不成人之恶。小人反是。"

译文

孔子说:"君子成全别人的好事,而不助长别人的恶处。小人则与此相反。"

12.17 季康子问政于孔子。孔子对曰:"政者,正也。子帅以正,孰敢不正?"

译 文

季康子问孔子如何治理国家。孔子回答说:"政就是正的意思。您带头走正路,那么还有谁敢不走正道呢?"

12.18 季康子患盗,问于孔子。孔子对曰:"苟子之不欲,虽赏之不窃。"

译 文

季康子为盗贼很多而忧虑,问孔子怎么办。孔子回答说:"假如你自己不贪图财利,即使奖励偷窃,也没有人偷盗。"

12.19 季康子问政于孔子曰:"如杀无道①,以就有道②,何如?"孔子对曰:"子为政,焉用杀?子欲善而民善矣。君子之德风,小人之德草。草上之风③,必偃④。"

注 释

①无道:指无道的人。

②有道:指有道的人。

③草上之风:指风加之于草。

④偃:仆倒。

译 文

季康子问孔子如何治理政事,他说:"如果杀掉无道的人来亲近有道的人,怎么样?"孔子说:"您治理政事,哪里用得着杀戮的手段呢?您只要想行善,老百姓也会跟着行善。在位者的品德好比风,百姓的品德好比草,风吹到草上,草就必定随风而倒。"

12.20 子张问:"士何如斯可谓之达①矣?"子曰:"何哉,尔所谓达者?"子张对曰:"在邦必闻②,在家必闻。"子曰:"是闻也,非达也。夫达也者,质直而好义,察言而观色,虑以下人③。在邦必达,在家必达。夫闻也者,色取仁而行违,居之不疑。在邦必闻,在家必闻。"

注 释

①达:通达,显达。
②闻:有名望。

③下人：下，动词；"下人"即对人谦恭有礼。

译文

子张问："士怎样才可以叫作通达？"孔子说："你说的通达是什么意思？"子张答道："在国君的朝廷里必定有名望，在大夫的封地里也必定有名声。"孔子说："这只是名声，不是通达。所谓达，那是要品质正直，遵从礼义，善于揣摩别人的话语，观察别人的脸色，经常想着谦恭待人。这样的人，就可以在国君的朝廷和大夫的封地里通达。至于有名声的人，只是外表上装出仁的样子，而行动上却违背了仁，自己还以仁人自居不惭愧。但他无论在国君的朝廷里还是大夫的封地里都必定会有名声。"

12.21　樊迟从游于舞雩之下，曰："敢问崇德，修慝①，辨惑。"子曰："善哉问！先事后得②，非崇德与？攻其恶，无攻人之恶，非修慝与？一朝之忿③，忘其身，以及其亲，非惑与？"

注 释

①修慝：修，改正；慝，邪恶的念头。
②先事后得：先致力于事，把利禄放在后面。
③忿：气愤。

译文

樊迟陪着孔子在舞雩台下散步,说:"请问怎样提高品德修养?怎样改正自己的邪念?怎样辨别迷惑?"孔子说:"问得好!先努力做事,然后再考虑所得,不就是提高品德了吗?批评自己的过错,不攻击别人的过错,这不就是去恶为善了吗?由于一时的气愤,就忘记了自身的安危,以至于牵连自己的亲人,这不就是迷惑吗?"

12.22 樊迟问仁。子曰:"爱人。"问知。子曰:"知人。"

樊迟未达。子曰:"举直错诸枉①,能使枉者直。"

樊迟退,见子夏曰:"乡②也吾见于夫子而问知,子曰:'举直错诸枉,能使枉者直。'何谓也?"

子夏曰:"富哉言乎!舜有天下,选于众,举皋陶③,不仁者远④矣。汤⑤有天下,选

论语

于众,举伊尹⑥,不仁者远矣。"

注 释

①举直错诸枉:错,同"措",放置;枉,不正直,邪恶。此句意为选拔直者,罢黜枉者。

②乡:先前,刚才。

③皋陶:传说中舜时掌握刑法的大臣。

④远:动词,远离,远去。

⑤汤:商朝的第一个君主,名履。

⑥伊尹:汤的宰相,曾辅助汤灭夏兴商。

译 文

樊迟问什么是仁。孔子说:"爱人。"樊迟又问什么是智。孔子说:"了解人。"

樊迟还不明白。孔子说:"选拔正直的人,罢黜邪恶的人,这样就能使邪者归正。"

樊迟退出来,见到子夏说:"刚才我见到老师,问他什么是智,他说:'选拔正直的人,罢黜邪恶的人,这样就能使邪者归正。'这是什么意思?"

子夏说:"这话说得多么深刻呀!舜有了天下,在众人中挑选人才,把皋陶选拔出来,不仁的人就被疏远了。汤有了天下,在众人中挑选人才,把伊尹选拔出来,不仁的人就被疏远了。"

12.23 子贡问友。子曰:"忠告而善道

zhī bù kě zé zhǐ wú zì rǔ yān
之，不可则止，毋自辱焉。"

译文

子贡问怎样对待朋友。孔子说："忠诚地劝告他，恰当地引导他，如果他不听也就罢了，不要自取其辱。"

zēng zǐ yuē jūn zǐ yǐ wén huì yǒu yǐ yǒu
12.24 曾子曰："君子以文会友，以友
fǔ rén
辅仁。"

译文

曾子说："君子以文章学问来结交朋友，依靠朋友帮助自己培养仁德。"

|子路篇第十三|

本篇共有三十章,其中著名的文句有"名不正,则言不顺;言不顺,则事不成""欲速则不达""父为子隐,子为父隐""居处恭,执事敬,与人忠""言必信,行必果""君子和而不同,小人同而不和""君子泰而不骄,小人骄而不泰"。本篇包含的内容比较广泛,其中有关于如何治理国家的政治主张、孔子的教育思想、个人的道德修养与品格完善,以及"和而不同"的思想。

13.1 子路问政。子曰:"先之劳之①。"请益②。曰:"无倦③。"

注 释

①先之劳之:先,引导,先导,即教化;之,指老百姓。此句话意为"做在老百姓之前,使老百姓勤劳"。

②请益:请求增加一些。

③无倦:不厌倦,不松懈。

译 文

子路问怎样管理政事。孔子说:"做在老百姓之前,使老百姓勤劳。"子路请求多讲一点。孔子说:"不要懈怠。"

13.2 仲弓为季氏宰,问政。子曰:"先有司①,赦小过,举贤才。"曰:"焉知贤才而举之?"子曰:"举尔所知。尔所不知,人其舍诸?"

注 释

①有司:古代负责具体事务的官吏。

> **译　文**
>
> 仲弓做了季氏的家臣,问孔子怎样管理政事。孔子说:"先责成手下负责具体事务的官吏,让他们各负其责,赦免他们的小过错,选拔贤才来任职。"
>
> 仲弓又问:"怎样识别贤才而把他们选拔出来呢?"孔子说:"选拔你所了解的。至于你不了解的贤才,别人难道还会埋没他们吗?"

13.3　子路曰:"卫君①待子而为政,子将奚②先?"

子曰:"必也正名③乎!"

子路曰:"有是哉,子之迂④也!奚其正?"

子曰:"野哉,由也!君子于其所不知,盖阙⑤如也。名不正,则言不顺;言不顺,则事不成;事不成,则礼乐不兴;礼乐不兴,则刑罚不中⑥;刑罚不中,则民无所措手足。故

君子名之必可言也，言之必可行也。君子于其言，无所苟而已矣。"

注 释

①卫君：卫出公，名辄，卫灵公之孙。其父蒯聩被卫灵公驱逐出国，卫灵公死后，蒯辄继位。蒯聩要回国争夺君位，遭到蒯辄拒绝。这里，孔子对此事提出了自己的看法。

②奚：什么。

③正名：即正名分。

④迂：迂腐。

⑤阙：同"缺"，"存疑"的意思。

⑥中：得当。

论语

译 文

子路（对孔子）说："卫国国君要您去治理国家，您打算先从哪些事情做起呢？"

孔子说："首先必须正名分。"

子路说："有这样做的吗？您想得太不合时宜了。何必要正名呢？"

孔子说："仲由，你真粗野啊。君子对于他所不知道的事情，总是采取存疑的态度。名分不正，说起话来就不顺当合理；说话不顺当合理，事情就办不成；事情办不成，礼乐也就不能兴盛；礼乐不能兴盛，刑罚的执行就不会得当；刑罚不得当，百姓就不知怎么办好。所以，君子一定要定下一个名分，必须能够说得明白，说出来一定能够行得通。君子对于自己说的话，一点儿都不马虎就是了。"

13.4　樊迟请学稼。子曰："吾不如老农。"请学为圃①。曰："吾不如老圃。"

樊迟出。子曰："小人哉，樊须也！上好礼，则民莫敢不敬；上好义，则民莫敢不服；上好信，则民莫敢不用情②。夫如是，则四方之民襁③负其子而至矣，焉用稼？"

注　释

①圃：菜地，引申为种菜。

②用情：情，诚实，真实；"用情"即以真心实情来对待。

③襁：背婴儿的宽带或布兜。

译　文

樊迟向孔子请教如何种庄稼。孔子说："我不如老农。"樊迟又请教如何种菜。孔子说："我不如老菜农。"

樊迟退出以后，孔子说："樊迟真是小人。在上位者只要重视礼,老百姓就不敢不敬畏;在上位者只要重视义,老百姓就不敢不服从;在上位者只要重视信,老百姓就不敢不诚实。要是做到这样,四面八方的老百姓就会背着自己的小孩来投奔,哪里用得着自己去种庄稼呢?"

13.5　子曰:"诵《诗》三百,授之以政,不达①;使于四方,不能专对②;虽多,亦奚以③为?"

注　释

①达:通达,这里是"会运用"的意思。
②专对:独立应对。
③以:用。

译　文

孔子说:"把《诗经》三百篇读得很熟,让他处理政务,却不会办事;让他当外交使节,却不能独立应对;读得很多,又有什么用呢?"

13.6　子曰:"其身正,不令而行;其身不正,虽令不从。"

译　文

孔子说:"自身正了,即使不发布命令,老百姓也会去干;自身不正,即使发布命令,老百姓也不会服从。"

13.7　子曰:"鲁、卫之政,兄弟也。"

译　文

孔子说:"鲁和卫两国的政事,就像兄弟的政事一样。"

13.8　子谓卫公子荆①:"善居室②。始有,曰:'苟③合④矣。'少有,曰:'苟完矣。'富有,曰:'苟美矣。'"

注　释

①卫公子荆:卫国大夫,字南楚,卫献公的儿子。

②善居室:善于管理经济、居家过日子。

③苟:差不多。

④合:足够。

译　文

孔子谈到卫国的公子荆时说:"他善于管理经济、居家理财。刚开始有一点,他就说:'差不多也就够了。'稍微多一点时,他说:'差不多就算完备了。'更多一点时,他说:'差不多算是完美了。'"

13.9　子适卫,冉有仆①。子曰:"庶②

矣哉！"

冉有曰："既庶矣，又何加焉？"曰："富之。"

曰："既富矣，又何加焉？"曰："教之。"

注释

①仆：驾车。
②庶：众多，这里指人口众多。

译文

孔子到卫国去，冉有为他驾车。孔子说："卫国的人口真多呀！"

冉有说："人口已经够多了，还要再做什么呢？"孔子说："使他们富起来。"

冉有说："富了以后又还要做些什么？"孔子说："对他们进行教化。"

13.10 子曰："苟有用我者，期月而已可也，三年有成。"

论语

译　文

孔子说:"如果有人用我治理国家,一年便可初有成效,三年就一定会获得成功。"

13.11　子曰:"'善人为邦百年,亦可以胜残去杀矣。'诚哉是言也!"

译　文

孔子说:"'善人治理国家连续一百年,也就可以消除残暴废除刑罚杀戮了。'这话真对呀!"

13.12　子曰:"如有王者,必世而后仁。"

译　文

孔子说:"如果有王者兴起,也一定要三十年才能使仁道遍行天下。"

13.13　子曰:"苟正其身矣,于从政乎何有?不能正其身,如正人何?"

译文

孔子说:"如果端正了自身的行为,管理政事还有什么困难呢?如果不能端正自身的行为,怎能使别人端正呢?"

13.14　冉子退朝。子曰:"何晏也?"对曰:"有政。"子曰:"其事也。如有政,虽不吾以,吾其与闻之。"

译文

冉求退朝回来。孔子说:"为什么回来得这么晚呀?"冉求说:"有政事。"孔子说:"只是一般的事务吧? 如果有政事,虽然国君不用我了,我也会知道的。"

13.15　定公问:"一言而可以兴邦,有诸?"

孔子对曰:"言不可以若是其几也。人之言曰:'为君难,为臣不易。'如知为君之难也,不几乎一言而兴邦乎?"

曰:"一言而丧邦,有诸?"

孔子对曰:"言不可以若是其几也。人之言曰:'予无乐乎为君,唯其言而莫予违也。'如其善而莫之违也,不亦善乎?如不善而莫之违也,不几乎一言而丧邦乎?"

译 文

鲁定公问:"一句话就可以使国家兴盛,有这样的话吗?"

孔子答道:"不可能有这样的话,但有近乎于这样的话。有人说:'做君主难,做臣子不易。'如果知道了做君主的艰难,这不近乎于一句话可以使国家兴盛吗?"

鲁定公又问:"一句话可以亡国,有这样的话吗?"

孔子回答说:"不可能有这样的话,但有近乎这样的话。有人说过:'我做君主并没有什么可高兴的,我所高兴的只在于我所说的话没有人敢于违抗。'如果他说得对而没有人违抗,不也很好吗?如果说得不对而没有人违抗,那不就近乎于一句话可以亡国吗?"

13.16 叶公问政。子曰:"近者说,远者来。"

译文

叶公问孔子怎样管理政事。孔子说:"使近处的人高兴,使远处的人来归附。"

13.17 子夏为莒父①宰,问政。子曰:"无欲速,无见小利。欲速则不达,见小利则大事不成。"

注释

①莒父:鲁国的一个城邑,在今山东省莒县境内。

译文

子夏做莒父的总管,问孔子怎样治理政事。孔子说:"不要求快,不要贪求小利。求快反而达不到目的,贪求小利就做不成大事。"

13.18 叶公语孔子曰:"吾党有直躬者①,其父攘羊②,而子证③之。"孔子曰:"吾党之直者异于是。父为子隐,子为父隐,直在其中矣。"

注 释

①直躬者：正直的人。
②攘羊：偷羊。
③证：告发。

译 文

叶公告诉孔子说："我的家乡有个正直的人，他的父亲偷了人家的羊，他告发了父亲。"孔子说："我家乡正直的人和你讲的正直的人不一样：父亲为儿子隐瞒，儿子为父亲隐瞒，正直就在其中了。"

13.19　樊迟问仁。子曰："居处恭，执事敬，与人忠。虽之夷狄，不可弃也。"

译 文

樊迟问怎样才是仁。孔子说："平常在家规规矩矩，办事严肃认真，待人忠心诚意。即使到了夷狄之地，这些品格也不可丢弃。"

13.20　子贡问曰："何如斯可谓之士①矣？"子曰："行己有耻，使于四方，不辱君命，可谓士矣。"

曰:"敢问其次。"曰:"宗族称孝焉,乡党称弟焉。"

曰:"敢问其次。"曰:"言必信,行必果②,硁硁③然小人哉!抑亦可以为次矣。"

曰:"今之从政者何如?"子曰:"噫!斗筲之人④,何足算也!"

注 释

①士:士在周代贵族中位于最底层,此后,士成为古代社会知识分子的通称。

②果:果断,坚决。

③硁硁:象声词,敲击石头的声音,这里引申为浅陋固执。

④斗筲之人:筲,竹器,容一斗二升,"斗筲之人"比喻器量狭小的人。

译 文

子贡问道:"怎样才可以叫作士?"孔子说:"自己在做事时有知耻之心,出使外国各方,能够完成君主交付的使命,可以叫作士。"

子贡说:"请问次一等的呢?"孔子说:"宗族中的人称赞他孝顺

父母，乡党们称他尊敬兄长。"

子贡又问："请问再次一等的呢？"孔子说："说话必定有信用，行为必定果决，这是不管是非曲直的固执小人，但也可以说是再次一等的士了。"

子贡说："现在的执政者，您看怎么样？"孔子说："唉！这些器量狭小的人，哪里值得一提呢？"

13.21 子曰："不得中行①而与之，必也狂狷②乎！狂者进取，狷者有所不为也。"

注　释

①中行：行为合乎中庸。
②狷：拘谨，有所不为。

译　文

孔子说："我找不到奉行中庸之道的人和他交往，只能与狂者、狷者交往了。狂者敢作敢为，狷者对有些事是不肯干的。"

13.22 子曰："南人有言曰：'人而无恒，不可以作巫医①。'善夫！"

"不恒其德，或承之羞②。"子曰："不占③而已矣。"

注　释

①巫医：用卜筮为人治病的人。
②不恒其德，或承之羞：此二句引自《易经·恒卦·爻辞》。
③占：占卜。

译　文

孔子说："南方人有句话说：'人如果做事没有恒心，就不能当巫医。'这句话说得真好啊！"

"人不能坚守自己的德操，免不了要遭受耻辱。"孔子说："这句话是叫那些没有恒心的人不必再去占卜罢了。"

13.23　子曰："君子和①而不同②，小人同而不和。"

注　释

①和：不同的东西和谐地配合叫作"和"。
②同：盲目附从。

译　文

孔子说："君子讲求和谐而不盲目附从，小人盲目附从而不讲求和谐。"

13.24　子贡问曰："乡人皆好之，何

如?"子曰:"未可也。"

"乡人皆恶之,何如?"子曰:"未可也。不如乡人之善者好之,其不善者恶之。"

> 译 文

子贡问孔子说:"全乡人都喜欢他,这个人怎么样?"孔子说:"不能就此肯定他好。"

子贡又问孔子说:"全乡人都厌恶他,这个人怎么样?"孔子说:"不能就此肯定他坏。最好的人是全乡的好人都喜欢他,全乡的坏人都厌恶他。"

13.25 子曰:"君子易事①而难说②也。说之不以道,不说也。及其使人也,器之③。小人难事而易说也。说之虽不以道,说也。及其使人也,求备焉。"

> 注 释

①易事:易于与人相处共事。

②难说:难以取得他的欢喜。

③器之：量才使用他。

译　文

孔子说："为君子办事很容易，但很难取得他的欢喜。不按正道去讨他的喜欢，他是不会喜欢的。但是，当他使用人的时候，总是量才而用人。为小人办事很难，但要取得他的欢喜则是很容易的。不按正道去讨他的喜欢，也会得到他的喜欢。但等到他使用人的时候，却是求全责备。"

13.26　子曰："君子泰而不骄，小人骄而不泰。"

译　文

孔子说："君子安静坦然而不傲慢无礼，小人傲慢无礼而不安静坦然。"

13.27　子曰："刚、毅、木、讷近仁。"

译　文

孔子说："刚强、果敢、朴实、谨慎，这四种品德接近于仁。"

13.28　子路问曰："何如斯可谓之士矣？"子曰："切切偲偲①，怡怡②如也，可谓士矣。朋友切切偲偲，兄弟怡怡。"

注释

①偲偲：勉励、督促的样子。
②怡怡：和悦的样子。

译文

子路问孔子道："怎样才可以称为士呢？"孔子说："互相督促勉励，相处和和气气，可以算是士了。朋友之间互相督促勉励，兄弟之间相处和和气气。"

13.29 子曰："善人教民七年，亦可以即戎矣。"

译文

孔子说："善人教导百姓七年，也就可以叫他们去当兵打仗了。"

13.30 子曰："以不教民战，是谓弃之。"

译文

孔子说："用不曾受过教习的民众去作战，这可说是抛弃他们。"

宪问篇第十四

　　本篇共计四十四章,其中的著名文句有"见利思义,见危授命""君子上达,小人下达""古之学者为己,今之学者为人""不在其位,不谋其政""君子思不出其位""君子耻其言而过其行""修己以安百姓""仁者不忧,知者不惑,勇者不惧"。这一篇中所包含的主要内容有:君子必须具备的某些品德,孔子针对当时社会上的各种现象所发表的评论,孔子提出的"见利思义"的义利观,等等。

14.1　宪①问耻。子曰："邦有道，谷②。邦无道，谷，耻也。"

"克、伐③、怨、欲不行焉，可以为仁矣？"

子曰："可以为难矣，仁则吾不知也。"

注释

①宪：姓原，名宪，孔子的学生。

②谷：这里指做官者的俸禄。

③伐：自夸。

译文

原宪问孔子什么是可耻。孔子说："国家有道，做官拿俸禄。国家无道，还做官拿俸禄，这就是可耻。"

原宪又问："好胜、自夸、怨恨、贪欲都没有的人，可以算做到仁了吧？"孔子说："这可以说是很难得的，但至于是不是做到了仁，那我就不知道了。"

14.2　子曰："士而怀居①，不足以为士矣。"

【注　释】

①怀居：怀，思念，留恋；居，家居；"怀居"指留恋家居的安逸生活。

【译　文】

孔子说："士如果留恋家庭的安逸生活，就不配做士了。"

14.3　子曰："邦有道，危①言危行；邦无道，危行言孙②。"

【注　释】

①危：直，正直。

②孙：通"逊"。

【译　文】

孔子说："国家有道，要正言正行；国家无道，还要正直，但说话要谦逊谨慎。"

14.4　子曰："有德者必有言，有言者不必有德。仁者必有勇，勇者不必有仁。"

译 文

孔子说:"有道德的人一定有出色的言论,有出色言论的人不一定有道德。仁人一定勇敢,勇敢的人不一定有仁德。"

14.5 南宫适①问于孔子曰:"羿②善射,奡③荡舟④,俱不得其死然。禹、稷⑤躬稼而有天下。"夫子不答。

南宫适出,子曰:"君子哉若人!尚德哉若人!"

注 释

①南宫适:适,音 kuò,即南容。

②羿:传说中夏代有穷国的国君,善于射箭,曾夺夏太康的王位,后被其臣寒浞所杀。

③奡:传说中寒浞的儿子,后来为夏少康所杀。

④荡舟:以舟师冲锋陷阵。传说中奡力大,善于水战。

⑤禹、稷:禹,夏朝的开国之君,善于治水,注重发展农业;稷,传说是周朝的祖先,又为谷神,教民种植庄稼。

译 文

南宫适问孔子:"羿善于射箭,奡善于水战,最后都不得好死。

禹和稷都亲自种植庄稼,却得到了天下。"孔子没有回答。

南宫适出去后,孔子说:"这个人真是个君子呀!这个人真尊重道德啊。"

14.6　子曰:"君子而不仁者有矣夫,未有小人而仁者也。"

> 译　文

孔子说:"君子中没有仁德的人是有的,而小人中有仁德的人是没有的。"

14.7　子曰:"爱之,能勿劳乎?忠焉,能勿诲乎?"

> 译　文

孔子说:"爱他,能不为他操劳吗?忠于他,能不对他劝告吗?"

14.8　子曰:"为命①,裨谌②草创之,世叔③讨论之,行人④子羽⑤修饰之,东里⑥子产润色之。"

论语

注 释

①命:指与诸侯国交往的外交辞令。

②裨谌:人名,郑国的大夫。

③世叔:名游吉,郑国的大夫,子产死后,他继子产为郑国宰相。

④行人:官名,掌管朝觐聘问,即外交事务。

⑤子羽:郑国大夫公孙挥。

⑥东里:地名,郑国大夫子产居住的地方。

译 文

孔子说:"郑国制定外交辞命,裨谌起草初稿,世叔提出意见,外交官子羽加以修饰,最后由子产修改润色。"

14.9 或问子产。子曰:"惠人也。"
问子西①。曰:"彼哉!彼哉!"
问管仲。曰:"人也②。夺伯氏③骈邑④
三百,饭疏食,没齿⑤无怨言。"

注 释

①子西:郑国大夫公孙夏,与子产是同宗兄弟。或说指楚令尹子西。今从前说。

②人也：此句有多种说法，或说"人"即"仁"，或说"人"上脱一"仁"字，或说"人"上脱一"夫"字。

③伯氏：齐国的大夫。

④骈邑：地名，伯氏的食邑。

⑤没齿：终身。

译文

有人问孔子子产是个怎样的人。孔子说："是个宽厚慈惠的人。"

又问子西。孔子说："他呀！他呀！"

又问管仲。孔子说："他是个仁人啊。他把伯氏骈邑的三百户的封地夺走，使伯氏只能吃粗茶淡饭，但伯氏直到老死也没有怨言。"

14.10　子曰："贫而无怨难，富而无骄易。"

译文

孔子说："贫穷而能够没有怨恨是很难做到的，富裕而不骄傲是容易做到的。"

14.11　子曰："孟公绰①为赵、魏老②则优③，不可以为滕、薛④大夫。"

注　释

①孟公绰：鲁国大夫，属于孟孙氏家族。

②老：这里指古代大夫的家臣。

③优：有余力。

④滕、薛：滕，诸侯国家，在今山东滕县；薛，诸侯国家，在今山东滕县东南一带。

译　文

孔子说："孟公绰若去做晋国越氏、魏氏的家臣，是才力有余的，但不能做滕、薛这样小国的大夫。"

14.12　子路问成人①。子曰："若臧武仲②之知，公绰之不欲，卞庄子③之勇，冉求之艺，文之以礼乐，亦可以为成人矣。"曰："今之成人者何必然？见利思义，见危授命，久要④不忘平生之言，亦可以为成人矣。"

注　释

①成人：人格完备的完人。

②臧武仲：鲁国大夫臧孙纥。

③卞庄子：鲁国卞邑大夫。

④久要：长久处于穷困中。

译　文

子路问怎样做才是一个完美的人。孔子说："如果具有臧武仲的智慧，孟公绰的克制，卞庄子的勇敢，冉求那样的才艺，再用礼乐加以修饰，也就可以算是一个完人了。"孔子又说："现在的完人何必一定要这样呢？见到财利能想到道义，遇到危险能献出生命，长久处于穷困还不忘平日的诺言，这样也可以说是完人了。"

14.13　子问公叔文子①于公明贾②曰："信乎，夫子③不言，不笑，不取乎？"

公明贾对曰："以④告者过也。夫子时然后言，人不厌其言；乐然后笑，人不厌其笑；义然后取，人不厌其取。"

子曰："其然？岂其然乎？"

注　释

①公叔文子：卫国大夫公孙拔，谥号文。

②公明贾：姓公明，字贾，卫国人。

③夫子：文中指公叔文子。

④以：此处是"这个"的意思。

> **译 文**

孔子向公明贾问到公叔文子，说："先生他不说、不笑、不取钱财，是真的吗？"

公明贾回答道："这是传说的人说得过分了。先生他到该说时才说，因此别人不厌恶他说话；快乐时才笑，因此别人不厌恶他笑；合于礼的要求的财利他才取，因此别人不厌恶他取。"

孔子说："是这样吗？难道真是这样吗？"

14.14 子曰："臧武仲以防求为后于鲁，虽曰不要君，吾不信也。"

> **译 文**

孔子说："臧武仲凭借防邑请求鲁君在鲁国立臧氏后代为卿大夫，虽然有人说他不是要挟君主，但我不相信。"

14.15 子曰："晋文公①谲②而不正，齐桓公③正而不谲。"

> **注 释**

①晋文公：姓姬，名重耳，春秋时期有作为的政治家，著名的霸

主之一。

②谲：欺诈，玩弄手段。

③齐桓公：姓姜，名小白，春秋时期有作为的政治家，著名的霸主之一。

译 文

孔子说："晋文公诡诈而不正派，齐桓公正派而不诡诈。"

14.16　子路曰："桓公杀公子纠①，召忽②死之，管仲不死。"曰："未仁乎？"子曰："桓公九合诸侯③，不以兵车④，管仲之力也。如其仁⑤，如其仁。"

注 释

①公子纠：齐桓公的哥哥，齐桓公与他争位，杀掉了他。

②召忽：管仲和召忽都是公子纠的家臣，公子纠被杀后，召忽自杀，管仲归服于齐桓公，并当上了齐国的宰相。

③九合诸侯：指齐桓公多次召集诸侯盟会。

④不以兵车：即不用武力。

⑤如其仁：这就是他的仁德。

译 文

子路说："齐桓公杀了公子纠，召忽自杀以殉，但管仲却没有自杀。管仲不能算是仁人吧?"孔子说:"桓公多次召集各诸侯国的盟会,不用武力,都是管仲的力量啊。这就是他的仁德,这就是他的仁德。"

14.17 子贡曰:"管仲非仁者与?桓公杀公子纠,不能死,又相之。"子曰:"管仲相桓公,霸诸侯,一匡天下,民到于今受其赐。微①管仲,吾其被发左衽②矣。岂若匹夫匹妇之为谅③也,自经④于沟渎⑤而莫之知也?"

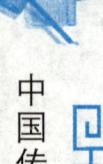

注 释

①微:无,没有。

②被发左衽:被,同"披";衽,衣襟;"被发左衽"是当时的夷狄之俗。

③谅:遵守信用,这里指小节小信。

④自经:上吊自杀。

⑤渎:小沟渠。

译 文

子贡问:"管仲不能算是仁人了吧?桓公杀了公子纠,他不能为公子纠殉死,反而做了齐桓公的宰相。"孔子说:"管仲辅佐桓公,称霸诸侯,匡正了天下,老百姓到了今天还享受到他的恩惠。如果没有管仲,恐怕我们也要披散着头发,衣襟向左开了。哪能像普通百姓那样恪守小节,自杀在小山沟里,而谁也不知道呀。"

14.18　公叔文子之臣大夫僎①与文子同升诸公②。子闻之,曰:"可以为'文'矣。"

【注　释】

①僎:人名,公叔文子的家臣。

②升诸公:公,公朝,这是说僎由家臣升为大夫,与公叔文子同位。

【译　文】

公叔文子的家臣僎和文子一同做了卫国的大夫。孔子知道了这件事以后说:"真可以给他'文'的谥号了。"

14.19　子言卫灵公之无道也,康子曰:"夫如是,奚而不丧?"孔子曰:"仲叔圉①治宾客,祝鲩治宗庙,王孙贾治军旅。夫如是,奚其丧?"

【注　释】

①仲叔圉:即孔文子,他与后面提到的祝鲩、王孙贾都是卫国

的大夫。

译 文

孔子讲到卫灵公的无道，季康子说："既然如此，为什么他没有败亡呢？"孔子说："因为他有仲叔圉接待宾客，祝鲍管理宗庙祭祀，王孙贾统率军队，像这样，怎么会败亡呢？"

14.20　子曰："其言之不怍①，则为之也难。"

注 释

①怍：惭愧。

译 文

孔子说："说话如果大言不惭，那么实现这些话就是很困难的了。"

14.21　陈成子①弑简公②。孔子沐浴而朝，告于哀公曰："陈恒弑其君，请讨之。"公曰："告夫三子③。"

孔子曰："以吾从大夫之后④，不敢不告

也。君曰'告夫三子'者。"

之⑤三子告，不可。孔子曰："以吾从大夫之后，不敢不告也。"

注释

①陈成子：即陈恒，齐国大夫。他以"大斗借出小斗收进"的方法受到百姓拥护。公元前481年，他杀死齐简公，夺取了政权。

②简公：齐简公，姓姜，名壬。

③三子：指季孙、孟孙、叔孙三家。

④从大夫之后：孔子曾任过大夫职，但此时已经去官家居，所以说从大夫之后。

⑤之：动词，往。

译文

陈成子杀了齐简公。孔子斋戒沐浴以后，随即上朝去见鲁哀公，报告说："陈恒把他的君主杀了，请你出兵讨伐他。"哀公说："你去报告那三位大夫吧。"

孔子退朝后说："因为我曾经做过大夫，所以不敢不来报告，君主却说'你去告诉那三位大夫吧'！"

孔子去向那三位大夫报告，但三位大夫不愿派兵讨伐，孔子又说："因为我曾经做过大夫，所以不敢不来报告呀！"

zǐ lù wèn shì jūn zǐ yuē wù qī yě

14.22 子路问事君。子曰："勿欺也，

ér fàn zhī

而犯之。"

译 文

子路问怎样侍奉君主。孔子说："不能欺骗他，但可以当面直谏。"

zǐ yuē jūn zǐ shàng dá xiǎo rén xià dá

14.23 子曰："君子上达，小人下达。"

译 文

孔子说："君子通达于仁义，小人通达于财利。"

zǐ yuē gǔ zhī xué zhě wèi jǐ jīn zhī xué

14.24 子曰："古之学者为己，今之学

zhě wèi rén

者为人。"

译 文

孔子说："古代的人学习是为了提高自己，而现在的人学习是为了给别人看。"

qú bó yù shǐ rén yú kǒng zǐ kǒng zǐ yǔ

14.25 蘧伯玉①使人于孔子。孔子与

zhī zuò ér wèn yān yuē fū zǐ hé wéi duì yuē fū zǐ yù

之坐而问焉，曰："夫子何为？"对曰："夫子欲

guǎ qí guò ér wèi néng yě

寡其过而未能也。"

<pre>
shǐ zhě chū   zǐ yuē   shǐ hū   shǐ hū
</pre>
使者出。子曰："使乎！使乎！"

注释

①蘧伯玉：人名，卫国的大夫，名瑗，孔子到卫国时曾住在他的家里。

译文

蘧伯玉派使者去拜访孔子。孔子请使者坐下，然后问道："先生最近在做什么？"使者回答说："先生想要减少自己的过失，但未能做到。"

使者走了以后，孔子说："好一位使者啊，好一位使者啊！"

<pre>
              zǐ yuē   bù zài qí wèi   bù móu qí zhèng
</pre>
14.26　子曰："不在其位，不谋其政。"

<pre>
zēng zǐ yuē   jūn zǐ sī bù chū qí wèi
</pre>
曾子曰："君子思不出其位。"

译文

孔子说："不在那个职位上，就不考虑那个职位上的事情。"

曾子说："君子考虑问题，从来不超出自己的职位范围。"

<pre>
              zǐ yuē   jūn zǐ chǐ qí yán ér guò qí xíng
</pre>
14.27　子曰："君子耻其言而过其行。"

译文

孔子说："君子认为说得多而做得少是可耻的。"

14.28　子曰："君子道者三,我无能焉:仁者不忧,知者不惑,勇者不惧。"子贡曰:"夫子自道也。"

译文

孔子说:"君子之道有三个方面,我都未能做到:仁德的人不忧愁,聪明的人不迷惑,勇敢的人不畏惧。"子贡说:"这正是老师的自我写照啊!"

14.29　子贡方人①。子曰:"赐也贤乎哉②？夫我则不暇。"

注释

①方人:评论、诽谤别人。
②赐也贤乎哉:疑问语气,批评子贡不贤。

译文

子贡评论别人的短处。孔子说:"赐啊,你真的就那么贤良吗？我可没有闲工夫去评论别人。"

14.30　子曰:"不患人之不己知,患其不能也。"

译文

孔子说:"不忧虑别人不知道自己,只担心自己没有才能。"

14.31 子曰:"不逆①诈,不亿②不信,抑亦先觉者,是贤乎!"

注释

①逆:预先猜测,揣度。

②亿:同"臆",猜测。

译文

孔子说:"不预先怀疑别人有欺诈,也不猜测别人不诚实,然而能事先觉察别人的欺诈和不诚实,这就是贤人了。"

14.32 微生亩①谓孔子曰:"丘何为是②栖栖③者与?无乃为佞乎?"孔子曰:"非敢为佞也,疾固④也。"

注释

①微生亩:鲁国人。

②是：如此。

③栖栖：忙碌不安的样子。

④疾固：疾，恨；固，固执。

译 文

微生亩对孔子说："孔丘，你为什么这样四处奔波游说呢？莫非是要显示你的口才吗？"孔子说："我不是敢于显示口才，只是痛恨那些顽固不化的人。"

14.33 子曰："骥①不称其力，称其德也。"

注 释

①骥：千里马。古代称善跑的马为"骥"。

译 文

孔子说："千里马值得称赞的不是它的气力，而是它的品德。"

14.34 或曰："以德报怨，何如？"子曰："何以报德？以直报怨，以德报德。"

译 文

有人说："用恩德来回报怨恨，怎么样？"孔子说："那用什么来回报恩德呢？应该是用正直来回报怨恨，用恩德来回报恩德。"

14.35 子曰："莫我知也夫！"子贡曰："何为其莫知子也？"子曰："不怨天，不尤①人，下学而上达②。知我者其天乎！"

注 释

①尤：责怪，怨恨。

②下学而上达：下学学人事，上达达天命。

译 文

孔子说："没有人了解我啊！"子贡说："为什么没有人了解您呢？"孔子说："我不埋怨天，也不责备人，下学人事而上达天命，了解我的只有天吧！"

14.36 公伯寮①愬②子路于季孙。子服景伯③以告，曰："夫子固有惑志于公伯寮，吾力犹能肆诸市朝④。"

子曰："道之将行也与，命也；道之将废也与，命也。公伯寮其如命何！"

注　释

①公伯寮：姓公伯，名寮，字子周，孔子的学生，曾任季氏的家臣。
②愬：同"诉"，告发，诽谤。
③子服景伯：鲁国大夫，姓子服，名伯，"景"是他的谥号。
④肆诸市朝：古时处死罪人后陈尸示众。

译　文

公伯寮向季孙诽谤子路。子服景伯把这件事告诉给孔子，并且说："季孙氏已经被公伯寮迷惑了，我的力量能够把公伯寮杀了，把他陈尸于市。"

孔子说："道能够得到推行，是天命决定的；道不能得到推行，也是天命决定的。公伯寮能把天命怎么样呢？"

14.37　子曰："贤者辟①世，其次辟地，其次辟色，其次辟言。"

子曰："作者七人矣。"

注　释

①辟：同"避"，逃避。

译　文

孔子说："贤人逃避动荡的社会而隐居，次一等的逃避到另外一个地方去,再次一点的逃避别人难看的脸色,再次一点的回避别人难听的话。"

孔子又说:"这样做的已经有七个人了。"

14.38　子路宿于石门①。晨门②曰:"奚自?"子路曰:"自孔氏。"曰:"是知其不可而为之者与?"

注　释

①石门:地名,鲁国都城的外门。
②晨门:守门人,负责早夜开闭城门。

译　文

子路夜里住在石门。第二天早晨看门的人问:"你从哪里来?"子路说:"从孔氏那里来。"看门的人说:"是那个明知做不到却还要去做的人吗?"

14.39　子击磬①于卫,有荷蒉②而过孔氏之门者,曰:"有心哉,击磬乎!"既而曰:"鄙哉!硜硜③乎!莫己知也,斯已而已矣。深则厉④,浅则揭⑤。"

子曰:"果哉!末⑥之难矣。"

注释

①磬:一种打击乐器的名称。

②荷蒉:荷,肩扛;蒉,草筐;"荷蒉"即肩背着草筐。

③硁硁:击磬的声音。

④深则厉:穿着衣服涉水过河。

⑤浅则揭:提起衣襟涉水过河。"深则厉,浅则揭"是《诗经·邶风·匏有苦叶》中的诗句。

⑥末:无。

译文

孔子在卫国,一次正在击磬,有一位背扛草筐的人从孔子门前走过,说:"这个击磬的人有心思啊!"一会儿又说:"声音硁硁的,真可鄙呀,没有人了解自己,就只为自己就是了。好像涉水一样,水深就穿着衣服趟过去,水浅就撩起衣服趟过去。"

孔子说:"说得真干脆,没有什么可以责问他了。"

14.40 子张曰:"《书》云:'高宗①谅阴②,三年不言。'何谓也?"子曰:"何必高宗,古之人皆然。君薨③,百官总已以听于冢

宰④三年。"

注释

①高宗：商王武丁。
②谅阴：天子居丧所住的庐屋。
③薨：周代时诸侯死称此。
④冢宰：官名，相当于后世的宰相。

译文

子张说："《尚书》上说：'高宗守丧居庐，三年不言语。'这是什么意思？"孔子说："不仅是高宗，古人都是这样。国君死了，朝廷百官都各管自己的职事，听命于冢宰三年。"

14.41 子曰："上好礼，则民易使也。"

译文

孔子说："在上位的人能够以礼行事，那就容易使百姓听从治理了。"

14.42 子路问君子。子曰："修己以敬。"

曰："如斯而已乎？"曰："修己以安人①。"

曰："如斯而已乎？"曰："修己以安百姓②。修己以安百姓，尧、舜其犹病诸！"

注释

①人：这里指与自己关系密切的人，如亲族朋友等。
②安百姓：使老百姓安乐。

译文

子路问什么叫君子。孔子说："修养自己，保持严肃恭敬的态度。"

子路说："这样就够了吗？"孔子说："修养自己，使周围的人们安乐。"

子路又说："这样就够了吗？"孔子说："修养自己，使所有百姓都安乐。修养自己使所有百姓都安乐，尧、舜还怕难以做到呢！"

14.43 原壤①夷俟②。子曰："幼而不孙弟③，长而无述焉，老而不死，是为贼。"以杖叩其胫。

注释

①原壤：鲁国人，孔子的旧友，他母亲死了，他还大声歌唱，孔

子认为这是大逆不道。

②夷俟：夷，双腿分开而坐；俟，等待。

③孙弟：同"逊悌"。

译 文

原壤伸开双腿坐着等待孔子。孔子骂他说："年幼的时候，你不讲孝悌，长大了又没有什么可说的成就，年老了只是偷生不死，真是害人虫。"说着，用手杖敲了敲他的小腿。

14.44 阙党①童子将命②。或问之曰："益者与？"子曰："吾见其居于位③也，见其与先生并行也。非求益者也，欲速成者也。"

注 释

①阙党：即阙里，孔子家住的地方。

②将命：在宾主之间传言。

③居于位：童子与长者同坐。

译 文

阙里的一个童子来向孔子传话。有人问孔子："这是个求上进的孩子吗？"孔子说："我看见他坐在成年人的位子上，又见他和长辈并肩而行，他不是要求上进的人，只是个急于求成的人。"

卫灵公篇第十五

　　本篇包括四十二章,其中著名的文句有"无为而治""志士仁人,无求生以害仁,有杀身以成仁""人无远虑,必有近忧""躬自厚而薄责于人""君子求诸己,小人求诸人""己所不欲,勿施于人""小不忍,则乱大谋""人能弘道,非道弘人""当仁,不让于师""有教无类""道不同,不相为谋"。本篇内容涉及孔子的"君子小人"观的若干方面、孔子的教育思想和政治思想,以及孔子在其他方面的言行。

15.1 卫灵公问陈①于孔子。孔子对曰："俎豆②之事，则尝闻之矣；军旅之事，未之学也。"明日遂行。

注 释

①陈：同"阵"，军队作战时布列的阵势。
②俎豆：古代盛食物的器皿，被用作祭祀时的礼器。

译 文

卫灵公向孔子问军队列阵之法。孔子回答说："祭祀礼仪方面的事情，我还听说过；用兵打仗的事，从来没有学过。"第二天，孔子便离开了卫国。

15.2 在陈绝粮，从者病，莫能兴。子路愠①见曰："君子亦有穷乎？"子曰："君子固穷②，小人穷斯滥矣。"

注 释

①愠：怒，怨恨。
②固穷：固守穷困，安守穷困。

译　文

　　孔子一行在陈国断了粮食,随从的人都饿病了。子路很不高兴地来见孔子,说道:"君子也有穷得毫无办法的时候吗?"孔子说:"君子虽然穷困,但还是坚持着,小人一遇穷困就无所不为了。"

15.3　子曰:"赐也,女以予为多学而识之者与?"对曰:"然,非与?"曰:"非也,予一以贯之。"

译　文

　　孔子说:"赐啊,你以为我是学习得多了才一一记住的吗?"子贡答道:"是啊,难道不是这样吗?"孔子说:"不是的。我是用一个基本道理贯穿在所学之中的。"

15.4　子曰:"由！知德者鲜矣。"

译　文

　　孔子说:"由啊！懂得德的人太少了。"

15.5　子曰:"无为而治①者其舜也与?夫②何为哉?恭己正南面而已矣。"

注 释

①无为而治：国家的统治者不必有所作为便可以治理国家了。

②夫：代词，他。

译 文

孔子说："能够无所作为而治理天下的人，大概只有舜吧？他做了些什么呢？只是庄严端正地坐在朝廷的王位上罢了。"

15.6 子张问行①。子曰："言忠信，行笃敬，虽蛮貊②之邦，行矣。言不忠信，行不笃敬，虽州里③，行乎哉？立则见其参④于前也，在舆则见其倚于衡⑤也，夫然后行。"子张书诸绅⑥。

注 释

①行：通达。

②蛮貊：古人对少数民族的贬称，蛮在南，貊在北方。

③州里：五家为邻，五邻为里，五党为州，即二千五百家；"州里"指乡里本土。

④参：直耸，耸立。

⑤衡：车辕前面的横木。

⑥绅：贵族系在腰间的大带。

译 文

子张问如何才能使自己到处都能行得通。孔子说："说话要忠信，行事要笃敬，即使到了蛮貊地区也可以行得通。说话不忠信，行事不笃敬，就是在本乡本土，能行得通吗？站着，就仿佛看到'忠信笃敬'这几个字直竖在面前，坐车，就好像看到这几个字刻在车辕前的横木上，这样才能使自己到处行得通。"子张把这些话写在腰间的大带上。

15.7 子曰："直哉史鱼①！邦有道，如矢②；邦无道，如矢。君子哉蘧伯玉！邦有道，则仕；邦无道，则可卷③而怀之。"

注 释

①史鱼：卫国大夫，名鳅，字子鱼，他多次向卫灵公推荐蘧伯玉。

②如矢：矢，箭，形容其直。

③卷：收起。

译 文

孔子说："史鱼真是正直啊！国家有道，他的言行像箭一样直；

国家无道,他的言行也像箭一样直。蘧伯玉也真是一位君子啊!国家有道就出来做官,国家无道就(辞退官职)把自己的主张收藏在心里。"

15.8 子曰:"可与言而不与之言,失人;不可与言而与之言,失言。知者不失人,亦不失言。"

译 文

孔子说:"可以同他谈的人,却不同他谈,这就是错失了人;不可以同他谈的人却同他谈,这就是白费了言语。有智慧的人既不错失人,也不白费言语。"

15.9 子曰:"志士仁人,无求生以害仁,有杀身以成仁。"

译 文

孔子说:"志士仁人,没有贪生怕死而损害仁的,只有牺牲自己的性命来成全仁的。"

15.10 子贡问为仁。子曰:"工欲善其事,必先利其器。居是邦也,事其大夫之贤者，友其士之仁者。"

译 文

子贡问怎样实行仁德。孔子说："工匠想把活儿做好，必须首先使他的工具锋利。住在这个国家，就要侍奉大夫中的那些贤者，与士人中的仁者交朋友。"

15.11　颜渊问为邦。子曰："行夏之时①，乘殷之辂②，服周之冕③，乐则《韶》《舞》④。放⑤郑声⑥，远⑦佞人。郑声淫，佞人殆⑧。"

注 释

①夏之时：夏代的历法，便于农业生产。

②殷之辂：辂，大车，殷代的车由木制成，比较朴实。

③周之冕：周代的礼帽。

④《韶》《舞》：舜时的舞乐，孔子认为它们是尽善尽美的。

⑤放："禁绝、排斥、抛弃"的意思。

⑥郑声：郑国的乐曲，孔子认为是淫声。

⑦远：远离。

⑧殆：危险。

译　文

颜渊问怎样治理国家。孔子说:"用夏代的历法,乘殷代的车子,戴周代的礼帽,音乐则用《韶》乐和《舞》乐。禁绝郑国的乐曲,疏远谄媚的小人。郑国的乐曲浮靡不正派,谄媚的小人太危险。"

15.12　子曰:"人无远虑,必有近忧。"

译　文

孔子说:"人没有长远的考虑,一定会有眼前的忧患。"

15.13　子曰:"已矣乎!吾未见好德如好色者也。"

译　文

孔子说:"罢了,我从来没有见过像好色那样好德的人。"

15.14　子曰:"臧文仲其窃位①者与?知柳下惠②之贤而不与立也。"

注　释

①窃位:身居官位而不称职。

②柳下惠:春秋中期鲁国大夫,姓展,名获,字禽,他受封的地

名是柳下，"惠"是他的私谥，所以，人称其为柳下惠。

译 文

孔子说："臧文仲是一个窃居官位的人吧？他明知道柳下惠是个贤人，却不举荐他一起做官。"

15.15　子曰："躬自厚而薄责于人，则远怨矣。"

译 文

孔子说："多责备自己而少责备别人，那就可以远离怨恨了。"

15.16　子曰："不曰'如之何①，如之何'者，吾末②如之何也已矣。"

注 释

①如之何："怎么办"的意思。
②末：这里指没有办法。

译 文

孔子说："从来遇事不说'怎么办，怎么办'的人，我对他也不知怎么办才好。"

15.17　子曰："群居终日，言不及义，好行小慧，难矣哉！"

译文

孔子说："整天聚在一块，说的都达不到义的标准，专好卖弄小聪明，这就难以长进了。"

15.18　子曰："君子义以为质，礼以行之，孙以出之，信以成之。君子哉！"

译文

孔子说："君子以义作为根本，用礼加以推行，用谦逊的语言来表达，用忠诚的态度来完成，这才是真君子。"

15.19　子曰："君子病无能焉，不病人之不己知也。"

译文

孔子说："君子只怕自己没有才能，不怕别人不知道自己。"

15.20　子曰："君子疾没世①而名不称

焉。"

注 释

①没世：死亡之后。

译 文

孔子说："君子担心死亡以后他的名字不为人们所称颂。"

15.21 子曰："君子求诸己，小人求诸人。"

译 文

孔子说："君子求之于自己，小人求之于别人。"

15.22 子曰："君子矜①而不争，群而不党。"

注 释

①矜：庄重。

译 文

孔子说："君子庄重而不与别人争执，合群而不结党营私。"

15.23　子曰:"君子不以言举人,不以人废言。"

译文

孔子说:"君子不凭一个人说的话来举荐他,也不因为一个人不好而不采纳他的好话。"

15.24　子贡问曰:"有一言而可以终身行之者乎?"子曰:"其恕乎!己所不欲,勿施于人。"

译文

子贡问孔子道:"有没有一个字是可以终身奉行的呢?"孔子回答说:"那就是'恕'吧!自己不愿意的,不要强加给别人。"

15.25　子曰:"吾之于人也,谁毁谁誉?如有所誉者,其有所试矣。斯民也,三代之所以直道而行也。"

译文

孔子说:"我对于别人,诋毁过谁?赞美过谁?如有所赞美的,

必定是曾经考验过他的。夏、商、周三代的人都是这样做的,所以三代能直道而行。"

15.26　子曰:"吾犹及史之阙文①也。有马者借人乘之②,今亡矣夫。"

注释

①阙文:史官记史,遇到有疑问的地方便缺而不记,这叫作"阙文"。

②有马者借人乘之:有人认为此句系错出,另有一种解释为"有马的人自己不会调教,而靠别人训练"。本书依从后者。

译文

孔子说:"我还能够看到史书存疑的地方。有马的人自己不会调教,就凭借别人的乘用使马驯服,这种精神今天没有了吧。"

15.27　子曰:"巧言乱德。小不忍,则乱大谋。"

译文

孔子说:"花言巧语会败坏道德。小事情不忍耐,就会败坏大谋略。"

15.28　子曰:"众恶之,必察焉;众好之,必察焉。"

译文

孔子说:"大家都厌恶他,必须考察一下他;大家都喜欢他,也一定要进行审察。"

15.29　子曰:"人能弘道,非道弘人。"

译文

孔子说:"人能够使道发扬光大,不是道使人的才能扩大。"

15.30　子曰:"过而不改,是谓过矣。"

译文

孔子说:"有了过错而不改正,这才真叫错了。"

15.31　子曰:"吾尝终日不食,终夜不寝,以思,无益,不如学也。"

译文

孔子说:"我曾经整天不吃饭,彻夜不睡觉,去左思右想,结果没有什么好处,还不如去学习。"

15.32　子曰:"君子谋道不谋食。耕也,馁①在其中矣;学也,禄②在其中矣。君子忧道不忧贫。"

◇ 注　释

①馁:饥饿。
②禄:俸禄。

◇ 译　文

孔子说:"君子只谋求道,不谋求衣食。耕田,也常要饿肚子;学习,可以得到俸禄。君子只担心不能求得道,不担心贫穷。"

15.33　子曰:"知及之①,仁不能守之,虽得之,必失之。知及之,仁能守之,不庄以涖②之,则民不敬。知及之,仁能守之,庄以涖之,动之不以礼,未善也。"

◇ 注　释

①知及之:知,同"智";之,一说指百姓,一说指国家,此处我们

认为指禄位和国家。

②涖:临,来到。

译 文

孔子说:"凭借聪明才智足以得到它,却不能以仁德来持守它,即使得到,也一定会失去。凭借聪明才智足以得到它,又能以仁德来持守它,但不能用严肃的态度来治理百姓,那就不会得到百姓的尊敬。聪明才智足以得到它,能以仁德来持守它,又能用严肃的态度来治理百姓,但动员百姓时不照礼的要求,那也是不完善的。"

15.34 子曰:"君子不可小知^①而可大受^②也,小人不可大受而可小知也。"

注 释

①小知:知,了解;"小知"即从小处了解。

②大受:受,责任,使命;"大受"即承担大任。

译 文

孔子说:"君子不能从小处去了解他们,但可以让他们承担重大的使命。小人不能让他们承担重大的使命,但可以从小处了解他们。"

15.35 子曰:"民之于仁也,甚于水火。

水火，吾见蹈而死者矣，未见蹈仁而死者也。"

译文

孔子说："百姓们对于仁的需要比对于水的需要更迫切。我只见过人跳到水火中而死的，却没有见过实行仁而死的。"

15.36　子曰："当仁，不让于师。"

译文

孔子说："如果是担当行仁的事情，就是老师，也不同他谦让。"

15.37　子曰："君子贞①而不谅②。"

注释

①贞：一说是"正"的意思，一说是"大信"的意思，这里选用"正"的说法。

②谅：指小信用。

译文

孔子说："君子固守正道而不拘泥于小信。"

15.38　子曰："事君，敬其事而后其

食^①。"

注释

①食：食禄，俸禄。

译文

孔子说："侍奉君主，要认真办事，而把领取俸禄的事放在后面。"

15.39　子曰："有教无类。"

译文

孔子说："人人都可以接受教育，不分类别。"

15.40　子曰："道不同，不相为谋。"

译文

孔子说："所持的道不同，就不互相商议。"

15.41　子曰："辞达而已矣。"

译文

孔子说："言辞只要能表达清楚意思就行了。"

15.42 师冕①见,及阶,子曰:"阶也。"及席,子曰:"席也。"皆坐,子告之曰:"某在斯,某在斯。"

师冕出,子张问曰:"与师言之道与?"子曰:"然,固相②师之道也。"

{ 注 释 }

①师冕:乐师,这位乐师的名字是"冕"。
②相:帮助。

{ 译 文 }

乐师冕来见孔子,走到台阶沿,孔子说:"这儿是台阶。"走到坐席旁,孔子说:"这是坐席。"等大家都坐下来,孔子告诉他:"某某在这里,某某在这里。"

师冕走了以后,子张就问孔子:"这就是与盲乐师谈话的方式吗?"孔子说:"对,这就是帮助盲乐师的方式。"

季氏篇第十六

本篇包括十四章，其中著名的文句有"不患寡而患不均，不患贫而患不安""君子有三戒：少之时，血气未定，戒之在色；及其壮也，血气方刚，戒之在斗；及其老也，血气既衰，戒之在得""君子有三畏：畏天命，畏大人，畏圣人之言"。本篇主要谈论的问题包括孔子及其学生的政治活动，与人相处时要注意的原则，君子的三戒、三畏和九思等。

jì shì jiāng fá zhuān yú rǎn yǒu jì lù jiàn
16.1 季氏将伐颛臾①。冉有、季路见
yú kǒng zǐ yuē jì shì jiāng yǒu shì yú zhuān yú
于孔子曰：“季氏将有事②于颛臾。”

kǒng zǐ yuē qiú wú nǎi ěr shì guò yú fú zhuān yú
孔子曰：“求！无乃尔是过与？夫颛臾，
xī zhě xiān wáng yǐ wéi dōng méng zhǔ qiě zài bāng yù zhī zhōng yǐ shì
昔者先王以为东蒙主③，且在邦域之中矣，是
shè jì zhī chén yě hé yǐ fá wéi
社稷之臣也。何以伐为？”

rǎn yǒu yuē fū zǐ yù zhī wú èr chén zhě jiē bù yù yě
冉有曰：“夫子欲之，吾二臣者皆不欲也。”

kǒng zǐ yuē qiú zhōu rèn yǒu yán yuē chén lì jiù
孔子曰：“求！周任④有言曰：‘陈力就
liè bù néng zhě zhǐ wēi ér bù chí diān ér bù fú zé jiāng
列⑤，不能者止。’危而不持，颠而不扶，则将
yān yòng bǐ xiàng yǐ qiě ěr yán guò yǐ hǔ sì chū yú
焉用彼相⑥矣？且尔言过矣，虎兕⑦出于
xiá guī yù huǐ yú dú zhōng shì shuí zhī guò yú
柙⑧，龟玉毁于椟⑨中，是谁之过与？”

rǎn yǒu yuē jīn fú zhuān yú gù ér jìn yú bì jīn
冉有曰：“今夫颛臾，固而近于费⑩。今
bù qǔ hòu shì bì wéi zǐ sūn yōu
不取，后世必为子孙忧。”

kǒng zǐ yuē qiú jūn zǐ jí fú shě yuē yù zhī ér bì
孔子曰：“求！君子疾夫舍曰欲之而必

为之辞。丘也闻有国有家者,不患寡而患不均,不患贫而患不安。盖均无贫,和无寡,安无倾。夫如是,故远人不服,则修文德以来之。既来之,则安之。今由与求也,相夫子,远人不服,而不能来也;邦分崩离析,而不能守也;而谋动干戈于邦内。吾恐季孙之忧,不在颛臾,而在萧墙⑪之内也。"

论语

注 释

①颛臾:鲁国的附属国,在今山东省费县西。

②有事:指有军事行动,用兵作战。

③东蒙主:东蒙,蒙山;主,主持祭祀的人。

④周任:人名,周代史官。

⑤陈力就列:陈力,发挥能力,陈力就列指按才力担任适当的职务。

⑥相:搀扶盲人的人叫"相",这里是"辅助"的意思。

⑦兕:雌性犀牛。

⑧柙:用以关押野兽的木笼。

⑨椟:匣子。

⑩费:季氏的采邑。

⑪萧墙:照壁屏风,此处是指宫廷之内。

译 文

季氏将要讨伐颛臾。冉有、季路去见孔子,说:"季氏快要攻打颛臾了。"

孔子说:"冉求,这不就是你的过错吗?那颛臾,上代的君王曾让它主持蒙山的祭祀,况且又在鲁国的疆域之内,是国家的臣属啊,为什么要讨伐它呢?"

冉有说:"是季孙想去攻打,我们两个人都不愿意。"

孔子说:"冉求,周任有句话说:'尽自己的力量去担负你的职务,实在做不好就辞职。'如果一个盲人有了危险而不去扶持他,跌倒了不去搀扶他,那还用辅助的人干什么呢?而且你说的话错了。老虎、犀牛从笼子里跑出来,龟甲、玉器在匣子里毁坏了,这是谁的过错呢?"

冉有说:"现在颛臾城墙坚固,而且离费邑很近。现在不把它夺取过来,将来一定会成为子孙的忧患。"

孔子说:"冉求,君子痛恨那种不肯实说自己想要那样做而又一定要找出理由来为之辩解的做法。我听说,有国的诸侯和有家的卿大夫,不怕贫穷,而怕财富不均;不怕人口少,而怕不安定。财富均了,也就无所谓贫穷了;大家和睦了,就不会感到人少了;安定了,也就没有倾覆的危险了。做到这样,如果远方的人还不归服,就用仁、义、礼、乐招来他们。他们来了,就让他们安心。现在,仲由和冉求你们两个人辅助季氏,远方的人不归服,而不能招来他们;国内民心离散,你们不能保全,反而策划在国内使用武力。我只怕季孙的忧患不在颛臾,而是在自己的内部呢!"

16.2　孔子曰:"天下有道,则礼乐征伐自天子出;天下无道,则礼乐征伐自诸侯出。自诸侯出,盖十世希不失矣;自大夫出,五世希不失矣;陪臣执国命,三世希不失矣。天下有道,则政不在大夫。天下有道,则庶人不议。"

译文

孔子说:"天下有道的时候,制作礼乐和出兵打仗都由天子决定;天下无道的时候,制作礼乐和出兵打仗都由诸侯决定。这些事由诸侯决定,大概经过十代很少有不垮台的;由大夫决定,经过五代很少有不垮台的;由家臣掌握国政,经过三代很少有不垮台的。天下有道,国家政权就不会落在大夫手中。天下有道,老百姓也就不会议论国家政治了。"

16.3　孔子曰:"禄之去公室五世①矣,政逮②于大夫四世③矣,故夫三桓④之子孙微矣。"

注释

①五世:指鲁国宣公、成公、襄公、昭公、定公五世。

②逮：及。
③四世：指季孙氏文子、武子、平子、桓子四世。
④三桓：鲁国仲孙、叔孙、季孙都出于鲁桓公，所以叫"三桓"。

译　文

孔子说："鲁国失去国家政权已经有五代了，政权落在大夫之手已经四代了，所以三桓的子孙也衰微了。"

16.4　孔子曰："益者三友，损者三友。友直，友谅①，友多闻，益矣。友便辟②，友善柔③，友便佞④，损矣。"

注　释

①谅：诚信。
②便辟：谄媚逢迎。
③善柔：当面奉承背后诋毁。
④便佞：惯于花言巧语，夸夸其谈。

译　文

孔子说："有益的交友有三种，有害的交友有三种。同正直的人交朋友，同诚信的人交朋友，同见闻广博的人交朋友，这是有益的。同谄媚逢迎的人交朋友，同当面奉承背后诋毁的人交朋友，同惯于花言巧语的人交朋友,这是有害的。"

16.5　孔子曰:"益者三乐,损者三乐。乐节礼乐①,乐道人之善,乐多贤友,益矣。乐骄乐②,乐佚③游,乐晏乐④,损矣。"

注　释

①节礼乐:孔子主张用礼乐来节制人。

②骄乐:骄纵不知节制的乐。

③佚:同"逸"。

④晏乐:沉溺于宴饮取乐。

译　文

孔子说:"有益的快乐有三种,有害的快乐有三种。以礼乐的调节为快乐,以称道别人的好处为快乐,以有许多贤德之友为快乐,这是有益的。以骄纵放肆为快乐,以纵逸游荡为快乐,以沉迷酒食为快乐,这是有害的。"

16.6　孔子曰:"侍于君子有三愆①:言未及之而言谓之躁,言及之而不言谓之隐,未见颜色而言谓之瞽。"

注 释

①愆：过失。

译 文

孔子说："侍奉在君子旁边要注意避免犯三种过失：还没有问到你的时候就说话，这是急躁；已经问到你的时候你却不说，这叫隐瞒；不看君子的脸色而贸然说话，如同盲人。"

16.7 孔子曰："君子有三戒：少之时，血气未定，戒之在色；及其壮也，血气方刚，戒之在斗；及其老也，血气既衰，戒之在得。"

译 文

孔子说："君子有三种事情应引以为戒：年少的时候，血气还不成熟，要戒除对女色的迷恋；等到身体成熟了，血气方刚，要戒除与人争斗；等到老年，血气已经衰弱了，要戒除贪得无厌。"

16.8 孔子曰："君子有三畏：畏天命，畏大人，畏圣人之言。小人不知天命而不畏也，狎大人，侮圣人之言。"

译 文

孔子说:"君子有三件敬畏的事情:敬畏天命,敬畏地位高贵的人,敬畏圣人的话。小人不懂得天命,因而也不敬畏,不尊重地位高贵的人,轻侮圣人之言。"

16.9 孔子曰:"生而知之者上也;学而知之者次也;困而学之,又其次也;困而不学,民斯为下矣。"

译 文

孔子说:"生来就知道的人,是上等人;经过学习以后才知道的,是次一等的人;遇到困难再去学习的,是又次一等的人;遇到困难还不学习的人,这种人就是下等人了。"

16.10 孔子曰:"君子有九思:视思明,听思聪,色思温,貌思恭,言思忠,事思敬,疑思问,忿思难,见得思义。"

译 文

孔子说:"君子有九种要思考的事:看的时候,要思考看清与否；听的时候，要思考是否听清楚；自己的脸色，要思考是否温和，容貌要思考是否谦恭；言谈的时候，要思考是否忠诚；办事要思考是否谨慎严肃；遇到疑问，要思考如何向别人请教；发怒时，要思考是否有后患；获取财利时，要思考是否合乎义的准则。"

16.11 子曰："见善如不及，见不善如探汤。吾见其人矣，吾闻其语矣。隐居以求其志，行义以达其道。吾闻其语矣，未见其人也。"

译 文

孔子说："看到善良的行为，就担心达不到，看到不善良的行动，就好像把手伸到开水中一样赶快避开。我见到过这样的人，也听到过这样的话。以隐居避世来保全自己的志向，依照义而贯彻自己的主张。我听到过这种话，却没有见到过这样的人。"

16.12 齐景公有马千驷，死之日，民无德而称焉。伯夷、叔齐饿于首阳之下，民到于今称之。其斯之谓与？

译　文

齐景公有马四千匹,死的时候,百姓们觉得他没有什么德行可以称颂。伯夷、叔齐饿死在首阳山下,百姓们到现在还在称颂他们。大概就是这个道理吧?

16.13　陈亢①问于伯鱼曰:"子亦有异闻②乎?"

对曰:"未也。尝独立,鲤趋而过庭。曰:'学诗乎?'对曰:'未也。''不学诗,无以言。'鲤退而学诗。他日,又独立,鲤趋而过庭。曰:'学礼乎?'对曰:'未也。''不学礼,无以立。'鲤退而学礼。闻斯二者。"

陈亢退而喜曰:"问一得三,闻诗,闻礼,又闻君子之远③其子也。"

注　释

①陈亢:即陈子禽。

②异闻：这里指不同于对其他学生所讲的内容。

③远：不亲近，不偏爱。

译 文

陈亢问伯鱼："你在老师那里听到过什么特别的教诲吗？"

伯鱼回答说："没有呀。有一次他独自站在堂上，我快步从庭里走过，他说：'学诗了吗？'我回答说：'没有。'他说：'不学诗，就不懂得怎么说话。'我回去就学诗。又有一天，他又独自站在堂上，我快步从庭里走过，他说：'学礼了吗？'我回答说：'没有。'他说：'不学礼，就不懂得怎样立身。'我回去就学礼。我就听到过这两点。"

陈亢回去高兴地说："我提一个问题，得到三方面的收获，知道了应该学诗，知道了应该学礼，还知道了君子对自己的儿子没有偏私之心。"

16.14 邦君之妻，君称之曰夫人，夫人自称曰小童；邦人称之曰君夫人，称诸异邦曰寡小君；异邦人称之亦曰君夫人。

译 文

国君的妻子，国君称她为夫人，夫人自称为小童；国人称她为君夫人，对他国人则称她为寡小君；他国人也称她为君夫人。

阳货篇第十七

　　本篇共二十六章,其中著名的文句有"性相近也,习相远也""唯上知与下愚不移""君子有勇而无义为乱,小人有勇而无义为盗""唯女子与小人为难养也"。这一篇介绍了孔子的道德教育思想,孔子对仁的进一步解释,还有关于为父母守丧三年的问题,也谈到了君子与小人的区别,等等。

17.1　阳货①欲见孔子,孔子不见,归孔子豚②。

孔子时其亡③也,而往拜之。

遇诸涂。④

谓孔子曰:"来!予与尔言。"曰:"怀其宝而迷其邦⑤,可谓仁乎?"曰:"不可。好从事而亟⑥失时,可谓知乎?"曰:"不可。日月逝矣,岁不我与⑦。"

孔子曰:"诺,吾将仕矣。"

注释

①阳货:又叫阳虎,季氏的家臣。

②归孔子豚:归,通"馈",赠送;豚,小猪。

③时其亡:等他外出的时候。

④遇诸涂:涂,同"途",道路,此句指在路上遇到了他。

⑤迷其邦:听任国家迷乱。

⑥亟:屡次。

⑦与：在一起，等待。

译 文

阳货想见孔子，孔子不见，他便赠送孔子一头小猪。

孔子打听到阳货不在家时前往阳货家拜谢。

两人在半路上遇见了。

阳货对孔子说："来，我有话要跟你说。"阳货说："身怀才干而听任国家迷乱，这可以叫仁吗？"他自己接着回答："不可以。喜欢参与政事而又屡次错过机会，这可以说是智吗？"他又自己回答："不可以。时间一天天过去了，岁月是不等人的。"

孔子说："好吧，我将要去做官了。"

17.2　子曰："性相近也，习相远也。"

论语

译 文

孔子说："人的本性是相近的，由于习惯不同才相互有了差别。"

17.3　子曰："唯上知与下愚不移。"

译 文

孔子说："只有上等的智者与下等的愚者是改变不了的。"

17.4　子之武城①，闻弦歌②之声。夫

子莞尔而笑,曰:"割鸡焉用牛刀?"

子游对曰:"昔者偃也闻诸夫子曰:'君子学道则爱人,小人学道则易使也。'"

子曰:"二三子!偃之言是也。前言戏之耳。"

注释

①武城:鲁国邑名,当时子游是武城宰。
②弦歌:弦,指琴瑟,"弦歌"即以琴瑟伴奏歌唱。

译文

孔子到武城,听见弹琴唱歌的声音。孔子微笑着说:"杀鸡何必用宰牛的刀呢?"

子游回答说:"以前我听老师说过:'在官位的人学习了礼乐就能爱人,百姓学习了礼乐就容易指使。'"

孔子说:"学生们,言偃的话是对的。我刚才说的话只是开个玩笑而已。"

17.5 公山弗扰①以费畔,召,子欲往。

子路不说,曰:"末之也已②,何必公山氏

之之也③?"

子曰:"夫召我者,而岂徒④哉?如有用我者,吾其为东周⑤乎!"

注释

①公山弗扰:人名,又称公山不狃,季氏的家臣。

②末之也已:末,无;之,到,往;末之,无处去;已,算了。

③之之也:第一个"之"字是助词,后一个"之"字是动词,"去到"的意思。

④徒:徒然,空无所据。

⑤为东周:在东方复兴周礼。

论语

译文

公山弗扰盘踞在费邑发动叛乱,来召孔子,孔子准备前去。

子路不高兴地说:"没有地方去就算了,为什么一定要去公山弗扰那里呢?"

孔子说:"他来召我,难道只是一句空话吗?如果有人用我,我将能在东方兴起周道吧。"

17.6 子张问仁于孔子。孔子曰:"能行五者于天下为仁矣。"

"请问之。"曰:"恭、宽、信、敏、惠。恭则不侮,宽则得众,信则人任焉,敏则有功,惠则足以使人。"

译文

子张向孔子问仁。孔子说:"能够处处实行五种品德就是仁人了。"

子张说:"请问哪五种?"孔子说:"庄重、宽厚、诚实、勤敏、慈惠。庄重就不致遭受侮辱,宽厚就会得到众人的拥护,诚信就能得到别人的任用,勤敏就能卓有成效,慈惠就能够使唤人。"

17.7 佛肸①召,子欲往。

子路曰:"昔者由也闻诸夫子曰:'亲于其身为不善者,君子不入也。'佛肸以中牟②畔,子之往也,如之何?"

子曰:"然,有是言也。不曰坚乎,磨而不磷③;不曰白乎,涅④而不缁⑤。吾岂匏

瓜⑥也哉？焉能系⑦而不食？"

注释

①佛肸：晋国大夫范氏家臣，中牟城地方官。

②中牟：地名，在晋国，约在今河北邢台与邯郸之间。

③磷：薄。

④涅：染黑。

⑤缁：黑色。

⑥匏瓜：葫芦中的一种，味苦不能吃。

⑦系：结，扣。

译文

佛肸召孔子去，孔子打算前往。

子路说："从前我听先生说过：'自身做过坏事的人那里，君子是不去的。'现在佛肸依据中牟反叛，您却要去，这如何解释呢？"

孔子说："是的，我说过这样的话。但是，不是有真正坚硬的东西吗，那是磨也磨不薄的；不是有真正洁白的东西吗，那是染也染不黑的。我难道是那匏瓜吗？怎么能只挂在那里而不给人吃呢？"

17.8 子曰："由也！女闻六言六蔽矣乎？"对曰："未也。"

"居①！吾语女。好仁不好学，其蔽也

愚②。好知不好学,其蔽也荡③。好信不好学,其蔽也贼④。好直不好学,其蔽也绞⑤。好勇不好学,其蔽也乱。好刚不好学,其蔽也狂。"

注 释

①居:坐。

②愚:受人愚弄。

③荡:放荡不羁,好高骛远而没有根基。

④贼:伤害。

⑤绞:偏激。

译 文

孔子说:"由呀,你听说过六种品德和六种弊病吗?"子路回答说:"没有。"

孔子说:"坐下,我告诉你。爱好仁德而不爱好学习,它的弊病是受人愚弄。爱好智慧而不爱好学习,它的弊病是行为放荡。爱好诚信而不爱好学习,它的弊病是自己反受伤害。爱好直率而不爱好学习,它的弊病是偏激尖刻。爱好勇敢却不爱好学习,它的弊病是犯上作乱。爱好刚强却不爱好学习,它的弊病是狂妄自大。"

17.9　子曰:"小子何莫学夫诗?诗,可以兴①,可以观②,可以群③,可以怨④。迩⑤之事父,远之事君。多识于鸟兽草木之名。"

注　释

①兴:譬喻,引譬连类。

②观:观察了解天地万物与人间万象。

③群:合群。

④怨:讽谏上级,怨而不怒。

⑤迩:近。

译　文

孔子说:"你们这些学生为什么没有人学习诗呢?学诗可以培养联想力,可以提高观察力,可以加强合群性,可以掌握讥讽方法。近可以用来侍奉父母,远可以用来侍奉君主,还可以从中多学得一些鸟兽草木的名字。"

17.10　子谓伯鱼曰:"女为《周南》、《召南》①矣乎?人而不为《周南》、《召南》,其犹正墙面而立②也与?"

注　释

①《周南》、《召南》：《诗经·国风》中的第一、二两部分篇名。周南和召南都是地名，这是当地的民歌。

②正墙面而立：面向墙壁站立着。

译　文

孔子对伯鱼说："你学习《周南》《召南》了吗？一个人如果不学习《周南》《召南》，那就像面对墙壁站立着吧？"

17.11　子曰："礼云礼云，玉帛云乎哉？乐云乐云，钟鼓云乎哉？"

译　文

孔子说："礼呀礼呀，只是说的玉帛之类的礼器吗？乐呀乐呀，只是说的钟鼓之类的乐器吗？"

17.12　子曰："色厉而内荏①，譬诸小人，其犹穿窬②之盗也与？"

注　释

①色厉而内荏：厉，威严；荏，虚弱；"色厉而内荏"即外表严厉而内心虚弱。

②窬：洞。

> [译 文]

孔子说：“外表严厉而内心怯弱的人，如果以小人作比喻，就像是挖墙洞的小偷吧？”

17.13　子曰：“乡原①，德之贼也。”

> [注 释]

①乡原：指外貌忠厚，实际上是欺世盗名、丧失原则、是非不分的人。原，同"愿"。

> [译 文]

孔子说：“貌似忠厚而没有是非的人，是道德的败坏者。”

17.14　子曰："道听而涂说，德之弃也。"

> [译 文]

孔子说："在路上听到传言就到处去传播，这是道德所唾弃的。"

17.15　子曰："鄙夫可与事君也与哉？

其未得之也，患得之。既得之，患失之。苟患失之，无所不至矣。"

译文

孔子说："粗鄙的人，怎么能和他一起侍奉国君呢？他在没有得到的时候，总担心得不到。得到之后，又担心失去它。一个人总是担心失去什么，那就会无所不用其极了。"

17.16　子曰："古者民有三疾，今也或是之亡也。古之狂①也肆②，今之狂也荡③；古之矜也廉④，今之矜也忿戾⑤；古之愚也直，今之愚也诈而已矣。"

注　释

①狂：狂妄自大。

②肆：放肆，不拘礼节。

③荡：放荡，不守礼。

④廉：不可触犯。

⑤戾：火气太大，蛮横不讲理。

译 文

孔子说:"古代的人有三种毛病,现在恐怕没有那个样子的毛病了。古代的狂人肆志直言,现在的狂人荡无所据;古代矜持的人锐不可近,现在矜持的人怒而好争;古代的愚人遂性直行,现在的愚人则是挟私欺诈罢了。"

17.17　子曰:"巧言令色,鲜矣仁!"①

注 释

①本章已见于《学而篇》第三章,此处系重出。

译 文

孔子说:"花言巧语,容色伪善,这样的人很少有仁德。"

17.18　子曰:"恶紫之夺朱也,恶郑声之乱雅乐也,恶利口之覆邦家者。"

译 文

孔子说:"我很厌恶紫色取代大红色,厌恶郑国的音乐扰乱了典雅的音乐,厌恶巧嘴利舌颠覆了国家。"

17.19　子曰:"予欲无言。"子贡曰:"子

论语

如不言,则小子何述焉?"子曰:"天何言哉?四时行焉,百物生焉,天何言哉?"

译 文

孔子说:"我不想再说什么了。"子贡说:"您如果什么也不说,我们这些学生还传述什么呢?"孔子说:"老天说了什么呢?四季照样运行,万物照样生长,老天说了什么呢?"

17.20　孺悲①欲见孔子,孔子辞以疾。将命者出户,取瑟而歌,使之闻之。

注 释

①孺悲:鲁国人,鲁哀公曾派他向孔子学礼。

译 文

孺悲想要见孔子,孔子推说有病不见。传话的人刚出门,孔子就取过琴瑟边弹边唱,故意让孺悲听见。

17.21　宰我问:"三年之丧,期已久矣。君子三年不为礼,礼必坏;三年不为乐,乐必崩。旧谷既没,新谷既升,钻燧改火①,期②

可已矣。"

子曰:"食夫稻③,衣夫锦,于女安乎?"

曰:"安。"

"女安,则为之!夫君子之居丧,食旨④不甘,闻乐不乐,居处不安,故不为也。今女安,则为之!"

宰我出。子曰:"予之不仁也!子生三年,然后免于父母之怀。夫三年之丧,天下之通丧也。予也有三年之爱于其父母乎?"

注释

①钻燧改火:古人钻木取火,四季所用木头不同,每年轮一遍,叫改火。

②期:一年。

③食夫稻:古代北方很少种稻米,故大米很珍贵,这里是说吃好的。

④旨:美味。

译　文

　　宰我问:"为父母守孝三年,时间太长了。君子三年不习礼仪,礼仪就会废弃掉;三年不演奏音乐,音乐就会毁掉。旧的谷子已经吃完,新的谷子已经登场,钻燧取火的木头也用一遍了,满一年就可以了。"

　　孔子说:"居丧不到三年你就吃稻米,穿锦衣,你会心安吗?"

　　宰我说:"心安。"

　　孔子说:"你心安就去做吧。君子服丧期间,吃美味不香甜,听音乐不快乐,起卧都不安心,所以不那样做。现在你觉得心安,就去那样做吧。"

　　宰我走出去后,孔子说:"宰我真是没有仁德啊!子女生下来,三年后才能离开父母的怀抱。为父母守丧三年,是天下都遵循的规则呀。宰我对他死去的父母有三年之爱吗?"

17.22　子曰:"饱食终日,无所用心,难矣哉!不有博奕者乎?为之,犹贤乎已。"

译　文

　　孔子说:"整天吃饱饭,什么心思也不用,难有出息呀!不是有下棋的游戏吗?即使做这样的游戏,也比什么都不做好些。"

17.23　子路曰:"君子尚勇乎?"子曰:

"君子义以为上,君子有勇而无义为乱,小人有勇而无义为盗。"

译文

子路说:"君子崇尚勇敢吗?"孔子说:"君子崇尚道义。君子勇敢但不讲道义就会犯上作乱,小人胆大不讲道义就会成为贼盗。"

17.24　子贡曰:"君子亦有恶①乎?"子曰:"有恶。恶称人之恶者,恶居下流②而讪③上者,恶勇而无礼者,恶果敢而窒④者。"曰:"赐也亦有恶乎?""恶徼⑤以为知⑥者,恶不孙⑦以为勇者,恶讦⑧以为直者。"

注释

①恶:厌恶。

②下流:下等的,在下的。

③讪:诽谤。

④窒:阻塞,不通事理,顽固不化。

⑤徼:窃取,抄袭。

⑥知:同"智"。

⑦孙：同"逊"。

⑧讦：揭发别人。

译 文

子贡说："君子也有憎恶的事吗？"孔子说："有憎恶的事。憎恶说别人不好的人，憎恶身居下位却毁谤上位的人，憎恶莽撞无礼的人，憎恶专断顽固不化的人。"

孔子说："子贡，你也有憎恶的事吗？"子贡说："我憎恶抄袭别人还自以为聪明的人，憎恶桀骜不驯还自以为勇敢的人，憎恶攻击别人的隐私还自认为正直的人。"

17.25　子曰："唯女子与小人为难养也，近之则不孙，远之则怨。"

译 文

孔子说："只有女人和小人是最难养的，亲近他们，他们就会无礼；疏远了他们，他们又会抱怨。"

17.26　子曰："年四十而见恶焉，其终也已。"

译 文

孔子说："到了四十岁还被人厌恶，他这辈子也就完了。"

微子篇第十八

本篇共十一章,比较集中地记述了孔子在出仕问题上的观念和原则,反映的是孔子一贯的政治原则和人生追求。

18.1 微子①去之,箕子②为之奴,比干③谏而死。孔子曰:"殷有三仁焉。"

:::注 释:::

①微子:殷纣王的同母兄长,见纣王无道,劝他不听,遂离开纣王。

②箕子:殷纣王的叔父,他去劝纣王,见纣王不听,便披发装疯,被降为奴隶。

③比干:殷纣王的叔父,屡次强谏,激怒纣王而被杀。

:::译 文:::

微子离开商纣王出走,箕子做了奴隶,比干强谏身遭惨死。孔子说:"殷代有三个仁者。"

18.2 柳下惠为士师①,三黜②。人曰:"子未可以去乎?"曰:"直道而事人,焉往而不三黜?枉道而事人,何必去父母之邦?"

:::注 释:::

①士师:典狱官,掌管刑狱。

②黜:罢免不用。

> 译 文

柳下惠做了典狱官,三次被罢免。有人说:"你不能离开这里吗?"他说:"如果以正直之道侍奉君主,到哪里去能不被多次罢官呢?如果不用正直之道侍奉君主,何必还要离开祖国呢?"

18.3 齐景公待孔子曰:"若季氏,则吾不能;以季、孟之间待之。"

曰:"吾老矣,不能用也。"孔子行。

> 译 文

齐景公讲到怎么对待孔子时说:"像鲁国国君对待季氏那样,我做不到,我可以以介于季氏、孟氏之间的待遇来对待他。"

后来他又说:"我老了,不能用他了。"于是孔子离开了齐国。

18.4 齐人归女乐,季桓子①受之,三日不朝,孔子行。

> 注 释

①季桓子:鲁国大夫季孙斯。

> 译 文

齐国人送给鲁国一些歌伎舞女,季桓子接受了,且三天不理朝政,孔子就离开了鲁国。

18.5 楚狂接舆①歌而过孔子曰:"凤兮凤兮!何德之衰?往者不可谏,来者犹可追。已而,已而!今之从政者殆而!"

孔子下,欲与之言。趋而辟之,不得与之言。

注 释

①楚狂接舆:楚国一位装作狂人的隐者,"接舆"不是他的姓名,因接孔子之车舆,遂作此称。

译 文

楚国的一个狂人迎面而来,唱着歌从孔子车旁经过,他唱道:"凤鸟啊,凤鸟!为什么你的德行这样的衰微?过去的不用说了,未来还可以追补。算了吧,算了吧,现今从政的人都是些危殆不可救的人啊。"

孔子下车,想要和他说话。他急忙躲开,孔子没能和他交谈。

18.6 长沮、桀溺①耦而耕②,孔子过之,使子路问津③焉。

长沮曰:"夫执舆④者为谁?"

子路曰:"为孔丘。"

曰:"是鲁孔丘与?"

曰:"是也。"

曰:"是知津矣。"

问于桀溺。

桀溺曰:"子为谁?"

曰:"为仲由。"

曰:"是鲁孔丘之徒与?"

对曰:"然。"

曰:"滔滔者天下皆是也,而谁以⑤易之?

且而与其从辟⑥人之士也,岂若从辟世之士

哉?"耰⑦而不辍。

论语

子路行以告。

夫子怃然⑧曰:"鸟兽不可与同群,吾非斯人之徒与而谁与?天下有道,丘不与易也。"

注 释

①长沮、桀溺:两位隐士,真实姓名和身世不详。

②耦而耕:两个人合力耕作。

③问津:津,渡口;"问津"即询问渡口在哪里。

④执舆:即执辔,手持马缰绳。

⑤以:相当于"与"。

⑥辟:同"避"。

⑦耰:用土覆盖种子。

⑧怃然:怅然失意的样子。

译 文

长沮和桀溺一起耕田。孔子经过那里,派子路去问问渡口在哪里。

长沮说:"车上手持马缰绳的那个人是谁?"

子路说:"是孔丘。"

长沮问:"是鲁国的那个孔丘吗?"

子路说:"是呀。"

长沮说:"这个人应该知道'道'啊。"

子路又问桀溺。

桀溺说:"你是什么人呀?"

子路说:"我是仲由。"

桀溺说:"你是孔丘的学生吗?"

子路说:"对呀。"

桀溺说:"如同那江水滔滔,遍天下都一般混乱,能够同什么人去改变它?你与其跟从躲避坏人的人,不如跟从我们这些躲避世事的人。"他一边说一边不停地耕作。

子路回来把这些话告诉孔子。

孔子惆怅地说:"我们不能和鸟兽一起生活,我们不跟世上的人相处还跟谁相处呢?如果天下政治清明,我就不用与你们一起努力改变这样的现状了。"

论语

18.7　子路从而后,遇丈人,以杖荷蓧①。

子路问曰:"子见夫子乎?"

丈人曰:"四体不勤,五谷不分,②孰为夫子?"植其杖而芸。

子路拱而立。

止子路宿，杀鸡为黍③而食④之，见⑤其二子焉。

明日，子路行以告。

子曰："隐者也。"使子路反见之。至，则行矣。

子路曰："不仕无义。长幼之节，不可废也；君臣之义，如之何其废之？欲洁其身，而乱大伦。君子之仕也，行其义也。道之不行，已知之矣。"

注释

①莜：用于除草的竹制农具。

②四体不勤，五谷不分：一说这是丈人指自己，意为：我忙于播种五谷，没有闲暇，怎知你夫子是谁？另一说是丈人责备子路，说子路手脚不勤，五谷不分。多数人持第二种说法。我们以为，子路与丈人刚说了一句话，丈人并不知道子路是否真的四体不勤，五谷不分，没有可能说出这样的话。所以，我们同意第一种说法。

③黍:黏小米。

④食:拿东西给人吃。

⑤见:使(让)……拜见,动词的使动用法。

译 文

子路跟从孔子周游列国时落在了后面,遇见一位老人,用拐杖挑着除草工具。

子路问他:"您看见我的先生了吗?"

老人说:"四体不勤,五谷不分,谁是你的先生?"说着,放下拐杖便去除草了。

子路拱手一旁站立。

老人挽留子路到他家过夜,杀鸡做饭给子路吃,并让他的两个孩子见了子路。

第二天,子路辞别,赶上孔子告诉了他这件事。

孔子说:"这是一位隐者。"派子路回去再拜见他。子路到了那里,这个老人却已经离开了。

子路说:"不肯做官是不合义的。长幼之间的秩序既然不能废弃,君臣之间的关系又怎么能废弃呢?想使自身保持高洁,却破坏了最根本的君臣大伦。君子做官,是为了施行君臣之义。但大道义不能够实行,我们早就知道了。"

18.8　逸①民:伯夷、叔齐、虞仲、夷逸、朱张、柳下惠、少连。②子曰:"不降其志,不辱

其身,伯夷、叔齐与!"谓"柳下惠、少连,降志辱身矣,言中伦,行中虑,其斯而已矣"。谓"虞仲、夷逸,隐居放③言,身中清,废中权。我则异于是,无可无不可"。

注 释

①逸:同"佚",散失,遗弃。

②虞仲、夷逸、朱张、少连:此四人身世无从考,从文中意思看,当是没落贵族。

③放:放置,不再谈论世事。

译 文

隐逸世间的贤者有:伯夷、叔齐、虞仲、夷逸、朱张、柳下惠、少连。孔子说:"不放弃和降低自己的志向,不玷辱自己的人格,大概就是伯夷、叔齐吧!"又说"柳下惠、少连,虽然降低了自己的志向,人格遭到侮辱,但说话合乎规矩,行为经过考虑,也不过如此罢了。"又说"虞仲、夷逸避世隐居,洁身自好,废弃世事也合乎权变的道理。我和这些人不一样,没有什么可以不可以的。"

18.9 大师挚①适齐,亚饭②干适楚,三饭缭适蔡,四饭缺适秦,鼓方叔③入于河,播鼗④武入于汉,少师⑤阳、击磬襄⑥入于海。

> **注　释**

①大师挚:大,同"太",太师是鲁国乐官之长,挚是人名。

②亚饭:乐官名,"三饭""四饭"也是乐官名,"干""缭""缺"是人名。

③鼓方叔:击鼓的乐师,名方叔。

④鼗:小鼓。

⑤少师:乐官名,副乐师。

⑥击磬襄:击磬的乐师,名襄。

> **译　文**

太师挚去了齐国,亚饭乐师干去了楚国,三饭乐师缭去了蔡国,四饭乐师缺去了秦国,击鼓的方叔入居黄河一带,摇小鼓的乐师武到了汉水地区,少师阳、击磬的襄去了沿海地区。

18.10　周公谓鲁公①曰:"君子不施②其亲,不使大臣怨乎不以③。故旧无大故,则不弃也。无求备于一人。"

论语

> **注　释**

①鲁公:指周公的儿子伯禽,封于鲁。

②施:同"弛",怠慢,疏远。

③以:用。

译文

周公对鲁公说:"君子不疏远自己的亲族,不让大臣抱怨不被重视。老朋友、老下属没有大过失就不能抛弃。不要对人求全责备。"

18.11　周有八士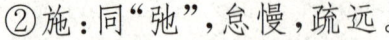:伯达、伯适、仲突、仲忽、叔夜、叔夏、季随、季騧。

注释

①八士:本章中所说八士已不可考。

译文

周代有八位名士:伯达、伯适、仲突、仲忽、叔夜、叔夏、季随、季騧。

子张篇第十九

本篇共计二十五章,其中著名的文句有"士见危致命,见得思义""仕而优则学,学而优则仕""君子之过也,如日月之食焉""其生也荣,其死也哀"。本篇包括的主要内容有:孔子学而不厌、不耻下问的精神,孔子对殷纣王的批评,孔子对学与仕的关系的论述等。

19.1　子张曰:"士见危致命,见得思义,祭思敬,丧思哀,其可已矣。"

译文

子张说:"士人遇见危险时能献出自己的生命,看见有利可得时能考虑是否符合义的要求,祭祀时能想到严肃恭敬,居丧的时候能想到自己是否哀伤,这样就可以了。"

19.2　子张曰:"执德不弘,信道不笃,焉能为有?焉能为亡?"

译文

子张说:"持守道德而不能发扬光大,信仰大道而不忠实坚定,这样的人怎能算他有,又怎能算他没有?"

19.3　子夏之门人问交于子张。子张曰:"子夏云何?"

对曰:"子夏曰:'可者与之,其不可者拒之。'"

子张曰:"异乎吾所闻。君子尊贤而容众,嘉善而矜不能。我之大贤与,于人何所不容?我之不贤与,人将拒我,如之何其拒人也?"

译 文

子夏的学生向子张询问怎样结交朋友。子张说:"子夏是怎么说的?"

学生答道:"子夏说:'可以相交的就和他交朋友,不可以相交的就拒绝他。'"

子张说:"我所听到的与此不同。君子既尊重贤人又能容纳众人,能够赞美善人又能同情能力不够的人。如果我是十分贤良的人,那我对别人有什么不能容纳的呢?我如果不贤良,那人家就会拒绝我,我怎么可能拒绝人家呢?"

19.4 子夏曰:"虽小道①,必有可观者焉,致远恐泥②,是以君子不为也。"

注 释

①小道:指各种农、工、商、医、卜之类的小技能。

②泥：阻滞，不通，妨碍。

译 文

子夏说："虽然都是些小的技艺，也一定有可取的地方，但用它来达到远大目标就行不通了，所以君子不从事小技艺。"

19.5　子夏曰："日知其所亡，月无忘其所能，可谓好学也已矣。"

译 文

子夏说："每天学到一些过去所不知道的东西，每月都能不忘记已经学会的东西，这就可以叫好学了。"

19.6　子夏曰："博学而笃志，切问①而近思，仁在其中矣。"

注 释

①切问：问与切身有关的问题。

译 文

子夏说："广博地学习，并能坚守志趣；问与自己所学切近的问题，并思考近前的事，仁就在其中了。"

19.7 子夏曰:"百工居肆①以成其事,君子学以致其道。"

注释

①百工居肆:百工,各行各业的工匠;肆,古代社会制作物品的作坊。

译文

子夏说:"各行各业的工匠住在作坊里来完成自己的工作,君子通过学习来掌握道。"

19.8 子夏曰:"小人之过也必文。"

译文

子夏说:"小人犯了过错一定要掩饰。"

19.9 子夏曰:"君子有三变:望之俨然,即之也温,听其言也厉。"

译文

子夏说:"君子有三变:远看他的样子庄严可怕,接近他又温和可亲,听他说话义正词严。"

19.10　子夏曰:"君子信而后劳其民;未信,则以为厉己也。信而后谏;未信,则以为谤己也。"

译文

子夏说:"君子必须取得信任之后才去役使百姓;否则,百姓就会以为是在虐待他们。君子要先取得信任,然后才去进谏君主;否则,君主就会以为是在诽谤他。"

19.11　子夏曰:"大德①不逾闲②,小德③出入可也。"

注释

①大德:指大节。
②闲:木栏,这里指界限。
③小德:指小节。

译文

子夏说:"大节上不能超越界限,小节上有些出入是可以的。"

19.12　子游曰:"子夏之门人小子,当洒扫应对进退，则可矣，抑①末也。本之则无，如之何？"

子夏闻之，曰："噫！言游过矣！君子之道，孰先传焉？孰后倦焉？譬诸草木，区以别矣。君子之道，焉可诬也？有始有卒者，其惟圣人乎！"

注　释

①抑：但是，不过。

译　文

子游说："子夏的学生，做些洒水扫地和迎送客人的事情是可以的，但这些不过是末节小事。根本的东西却没有学到，这怎么行呢？"

子夏听了，说："唉，子游错了。君子之道先传授哪一条，后传授哪一条，这就像草和木一样，都是分类区别的。君子之道怎么可以随意歪曲，欺骗学生呢？能按次序有始有终地教授学生们，恐怕只有圣人吧！"

19.13　子夏曰："仕而优①则学，学而优则仕。"

注释

①优：有余力。

译文

子夏说："做官还有余力的人，就可以去学习，学习还有余力的人，就可以去做官。"

19.14　子游曰："丧致①乎哀而止。"

注释

①致：极致，竭尽。

译文

子游说："居丧能充分表达哀情也就可以了。"

19.15　子游曰："吾友张也为难能也，然而未仁。"

译文

子游说："我的朋友子张可以说是难得的了，然而还没有做到仁。"

19.16　曾子曰："堂堂乎张也，难于并为仁矣。"

译　文

曾子说："子张仪容堂堂，难于和他共行仁道啊。"

19.17　曾子曰："吾闻诸夫子：人未有自致者也，必也亲丧乎！"

译　文

曾子说："我听老师说过，人没有自己竭尽其情的，如果有，一定是在父母去世的时候。"

19.18　曾子曰："吾闻诸夫子：孟庄子①之孝也，其他可能也，其不改父之臣与父之政，是难能也。"

注　释

①孟庄子：鲁国大夫。

译 文

曾子说:"我听老师说过,孟庄子的孝,别的方面还可以做到,但他不更换父亲的旧臣及其政治措施,这是很难做到的。"

19.19 孟氏使阳肤①为士师,问于曾子。曾子曰:"上失其道,民散久矣。如得其情,则哀矜②而勿喜!"

注 释

①阳肤:曾子的学生。
②矜:怜悯。

译 文

孟氏任命阳肤做典狱官,阳肤向曾子请教。曾子说:"在上位的人不按道行事,百姓早就离心离德了。你如果能弄清他们的情况,就应当怜悯他们,而不要自鸣得意。"

19.20 子贡曰:"纣①之不善,不如是之甚也。是以君子恶居下流②,天下之恶皆归焉。"

注释

①纣：商代最后一个君主，"纣"是他的谥号，历来被认为是一个暴君。

②下流：地势低下的处所，比喻恶名归集的地位。

译文

子贡说："纣王的不善，不像传说的那样厉害。所以君子憎恨处在下流的地方，以致天下的一切坏名声都归到他的身上。"

19.21 子贡曰："君子之过也，如日月之食焉。过也，人皆见之；更也，人皆仰之。"

译文

子贡说："君子的过错好比日食月食。他犯过错，人们都看得见；他改正过错，人们都仰望着他。"

19.22 卫公孙朝①问于子贡曰："仲尼②焉学？"子贡曰："文武之道，未坠于地，在人。贤者识其大者，不贤者识其小者。莫不有文武之道焉。夫子焉不学？而亦何常师

zhī yǒu
之有？"

注 释

①卫公孙朝：卫国的大夫公孙朝。
②仲尼：孔子的字。

译 文

卫国的公孙朝问子贡说："仲尼的学问是从哪里学来的？"子贡说："文王、武王的道并没有失传，还留在人们中间。贤能的人可以了解它的根本，不贤的人只了解它的末节，没有什么地方无文王、武王之道。我们老师何处不能学习？又哪里有固定的老师传播呢？"

shū sūn wǔ shū   yù dà fū yú cháo yuē   zǐ
19.23 叔孙武叔①语大夫于朝曰："子
gòng xián yú zhòng ní
贡贤于仲尼。"

zǐ fú jǐng bó yǐ gào zǐ gòng
子服景伯以告子贡。

zǐ gòng yuē   pì zhī gōng qiáng   cì zhī qiáng yě jí jiān kuī
子贡曰："譬之宫墙②，赐之墙也及肩，窥
jiàn shì jiā zhī hǎo   fū zǐ zhī qiáng shù rèn   bù dé qí mén ér
见室家之好。夫子之墙数仞③，不得其门而
rù bù jiàn zōng miào zhī měi bǎi guān zhī fù dé qí mén zhě
入，不见宗庙之美，百官④之富。得其门者

或寡矣。夫子之云，不亦宜乎！"

注释

①叔孙武叔：鲁国大夫，名州仇。
②宫墙：宫也是墙，宫墙即围墙，不是房屋的墙。
③仞：古时七尺为仞，一说八尺为仞，一说五尺六寸为仞。
④官：这里指房舍。

译文

叔孙武叔在朝廷上对大夫们说："子贡比仲尼更贤。"

子服景伯把这一番话告诉了子贡。

子贡说："拿围墙来作比喻，我家的围墙只齐肩高，人们可以直接望见墙内房屋的美好。老师家的围墙却有几仞高，如果找不到门进去，你就看不见里面宗庙的富丽堂皇和房屋的绚丽多彩。能够找到门进去的人或许不多吧。叔孙武叔那么讲，不也是很自然吗？"

19.24 叔孙武叔毁仲尼。子贡曰："无以为也！仲尼不可毁也。他人之贤者，丘陵也，犹可逾也。仲尼，日月也，无得而逾焉。人虽欲自绝，其何伤于日月乎？多①见其不知量也。"

注 释

①多：通"祇"，不过。

译 文

叔孙武叔毁谤仲尼。子贡说："这样做是没有用的！仲尼是毁谤不了的。别人的贤德好比丘陵，还可超越过去，仲尼的贤德好比太阳和月亮，是无法超越的。即使有人自己要与日月决绝，那对日月又有什么损害呢？只是表明他不自量力而已。"

19.25 陈子禽谓子贡曰："子为恭也，仲尼岂贤于子乎？"

子贡曰："君子一言以为知，一言以为不知，言不可不慎也。夫子之不可及也，犹天之不可阶而升也。夫子之得邦家者，所谓立之斯立，道之斯行，绥之斯来，动之斯和。其生也荣，其死也哀，如之何其可及也？"

译 文

　　陈子禽对子贡说:"你不过是谦恭了,仲尼怎么能比你更贤良呢?"

　　子贡说:"君子的一句话就可以表现他的智识,一句话也可以表现他的不智,所以说话不可以不慎重。我的老师是不可企及的,正像天是不能够顺着梯子爬上去的一样。夫子如果得国而为诸侯或得到采邑而为卿大夫,那就会像人们说的那样,教百姓立于礼,百姓就会立于礼;引导百姓,百姓就会跟着走;安抚百姓,百姓就会归顺;动员百姓,百姓就会齐心协力。他生而享有尊荣,死而令人哀痛。我怎么能赶得上他呢?"

尧曰篇第二十

　　本篇共三章,但前两章都比较长。本篇著名的文句有"兴灭国,继绝世,举逸民""宽则得众,信则民任焉""君子惠而不费,劳而不怨,欲而不贪,泰而不骄,威而不猛"等。这一篇主要谈到尧禅让帝位给舜、舜禅让帝位给禹的事迹,尧、舜、禹三代的善政和孔子关于治理国家事务的基本要求。

20.1 尧曰①:"咨②!尔舜!天之历数在尔躬,允③执其中。四海困穷,天禄永终。"

舜亦以命禹。

曰:"予小子履④敢用玄牡⑤,敢昭告于皇皇后帝:有罪不敢赦。帝臣不蔽,简⑥在帝心。朕⑦躬有罪,无以万方。万方有罪,罪在朕躬。"

周有大赉⑧,善人是富。"虽有周亲⑨,不如仁人。百姓有过,在予一人。"

谨权量⑩,审法度⑪,修废官,四方之政行焉。兴灭国,继绝世,举逸民,天下之民归心焉。

论语

所重：民、食、丧、祭。

宽则得众，信则民任焉，敏则有功，公则说。

注　释

①尧曰：下面引号内的话是尧在禅让帝位时给舜说的话。

②咨：即"啧"，感叹词，表示赞誉。

③允：真诚，诚信。

④履：这是商汤的名字。

⑤玄牡：玄，黑色谓玄；牡，公牛。

⑥简：简阅，考察。

⑦朕：我，从秦始皇起，专用作帝王自称。

⑧赉：赏赐，下面几句是说周武王。

⑨周亲：至亲。

⑩权量：权，秤，指量轻重的标准；量，斗斛，指量容积的标准。

⑪法度：指量长度的寸、尺、丈等。

译　文

尧说："啧啧！舜啊！上天的大命已经落在你的身上了。要忠实地执行正确原则。假如天下百姓都陷于困苦和贫穷，上天赐给你的禄位也就会永远终止。"

也。不知礼，无以立也。不知言，无以知人也。"

译文

孔子说："不懂得天命，就不能做君子。不知道礼仪，就不能立身处世。不善于分辨别人的话语，就不能真正了解他。"

舜也这样告诫过禹。

商汤说："我小子履谨用黑色的公牛来祭祀，向伟大的天帝祷告：有罪的人我不敢擅自赦免。天帝臣仆的善恶我也不敢掩盖，天帝心中自是明察一切。我本人若有罪，不要牵连天下万方。天下万方若有罪，都归我一个人承担。"

周朝大封诸侯，使善人都富贵起来。周武王说："我虽然有至亲，但不如有仁德之人。百姓有过错，都由我一人承担。"

谨慎检验并审定度量衡，修复废弃不全的官职，全国的政令就会通行了。复兴灭亡的国家，再续受封者断绝的后代，提拔被遗落的人才，天下百姓就会真心归服了。

所重视的是：百姓、粮食、丧礼、祭祀。

宽厚就能得到众人的拥护，诚信就能得到别人的任用，勤敏就能取得功绩，公平就会使百姓高兴。

20.2 子张问于孔子曰："何如斯可以从政矣？"

子曰："尊五美，屏①四恶，斯可以从政矣。"

子张曰："何谓五美？"

子曰："君子惠而不费，劳而不怨，欲而

不贪，泰而不骄，威而不猛。"

子张曰："何谓惠而不费？"

子曰："因民之所利而利之，斯不亦惠而不费乎？择可劳而劳之，又谁怨？欲仁而得仁，又焉贪？君子无众寡，无小大，无敢慢，斯不亦泰而不骄乎？君子正其衣冠，尊其瞻视②，俨然人望而畏之，斯不亦威而不猛乎？"

子张曰："何谓四恶？"

子曰："不教而杀谓之虐；不戒视成谓之暴；慢令致期谓之贼；犹之③与人也，出纳之吝谓之有司④。"

注释

① 屏：除去。

② 瞻视：指外观、仪容。

③ 犹之：均之，同样。

④ 出纳：这里是"出"的意思；有司：负责具体事务的小吏。这话表示治理政事不可像有司处理具体事务那样刻板琐细。

译文

子张问孔子说："怎样才可以从事政治？"

孔子说："尊崇五种美德，摒除四种恶政，这样就可以从事政治了。"

子张问："五种美德指什么？"

孔子说："君子施惠于民而自己无所耗费，使唤百姓而百姓不怨恨，有意欲而无所贪求，安泰而不骄傲，威严而不凶猛。"

子张问："怎样才是施惠于民而自己却无所耗费呢？"

孔子说："根据百姓能够得到利益的具体所在而使他们得到利益，这不就是施惠于民而自己无所耗费吗？选择可以使唤百姓而使唤他们，又有谁会怨恨呢？自己要追求仁德便得到了仁德，有什么可贪的呢？君子对人，无论多少，无论势力大小，都不敢怠慢他们，这不就是安泰而不骄傲吗？君子衣冠整齐，仪容尊严的神情让人见了就生敬畏之心，这不就是威严而不凶猛吗？"

子张问："四种恶政是什么呢？"

孔子说："不经教化便加以杀戮叫虐；不加告诫便要求成功叫暴；政令下达后，前期懈怠，后突然限期叫贼；同样是给人物，却出手吝啬，叫小气。"

20.3 孔子曰："不知命，无以为

舜也这样告诫过禹。

商汤说:"我小子履谨用黑色的公牛来祭祀,向伟大的天帝祷告:有罪的人我不敢擅自赦免。天帝臣仆的善恶我也不敢掩盖,天帝心中自是明察一切。我本人若有罪,不要牵连天下万方。天下万方若有罪,都归我一个人承担。"

周朝大封诸侯,使善人都富贵起来。周武王说:"我虽然有至亲,但不如有仁德之人。百姓有过错,都由我一人承担。"

谨慎检验并审定度量衡,修复废弃不全的官职,全国的政令就会通行了。复兴灭亡的国家,再续受封者断绝的后代,提拔被遗落的人才,天下百姓就会真心归服了。

所重视的是:百姓、粮食、丧礼、祭祀。

宽厚就能得到众人的拥护,诚信就能得到别人的任用,勤敏就能取得功绩,公平就会使百姓高兴。

20.2　子张问于孔子曰:"何如斯可以从政矣?"

子曰:"尊五美,屏①四恶,斯可以从政矣。"

子张曰:"何谓五美?"

子曰:"君子惠而不费,劳而不怨,欲而

bù tān tài ér bù jiāo wēi ér bù měng
不贪，泰而不骄，威而不猛。”

zǐ zhāng yuē hé wèi huì ér bù fèi
子张曰：“何谓惠而不费？”

zǐ yuē yīn mín zhī suǒ lì ér lì zhī sī bù yì huì ér
子曰：“因民之所利而利之，斯不亦惠而

bù fèi hū zé kě láo ér láo zhī yòu shuí yuàn yù rén ér dé
不费乎？择可劳而劳之，又谁怨？欲仁而得

rén yòu yān tān jūn zǐ wú zhòng guǎ wú xiǎo dà wú gǎn màn
仁，又焉贪？君子无众寡，无小大，无敢慢，

sī bù yì tài ér bù jiāo hū jūn zǐ zhèng qí yī guān zūn qí zhān
斯不亦泰而不骄乎？君子正其衣冠，尊其瞻

shì yǎn rán rén wàng ér wèi zhī sī bù yì wēi ér bù měng hū
视②，俨然人望而畏之，斯不亦威而不猛乎？”

zǐ zhāng yuē hé wèi sì è
子张曰：“何谓四恶？”

zǐ yuē bù jiào ér shā wèi zhī nüè bù jiè shì chéng wèi zhī
子曰：“不教而杀谓之虐；不戒视成谓之

bào màn lìng zhì qī wèi zhī zéi yóu zhī yǔ rén yě chū nà zhī
暴；慢令致期谓之贼；犹之③与人也，出纳之

lìn wèi zhī yǒu sī
吝谓之有司④。”

注释

①屏：除去。

②瞻视：指外观、仪容。

③犹之：均之，同样。

④出纳：这里是"出"的意思；有司：负责具体事务的小吏；这句话表示治理政事不可像有司处理具体事务那样刻板琐细。

译 文

子张问孔子说："怎样才可以从事政治？"

孔子说："尊崇五种美德，摒除四种恶政，这样就可以从事政治了。"

子张问："五种美德指什么？"

孔子说："君子施惠于民而自己无所耗费，使唤百姓而百姓不怨恨，有意欲而无所贪求，安泰而不骄傲，威严而不凶猛。"

子张问："怎样才是施惠于民而自己却无所耗费呢？"

孔子说："根据百姓能够得到利益的具体所在而使他们得利，这不就是施惠于民而自己无所耗费吗？选择可以使唤百姓的时间而使唤他们，又有谁会怨恨呢？自己要追求仁德便得到了仁，又还有什么可贪的呢？君子对人，无论多少，无论势力大小，都不怠慢他们，这不就是安泰而不骄傲吗？君子衣冠整齐，仪容尊严，庄重的神情让人见了就生敬畏之心，这不就是威严而不凶猛吗？"

子张问："四种恶政是什么呢？"

孔子说："不经教化便加以杀戮叫虐；不加告诫便要求立即成功叫暴；政令下达后，前期懈怠，后突然限期叫贼；同样是给人财物，却出手吝啬，叫小气。"

20.3 孔子曰："不知命，无以为君子

也。不知礼,无以立也。不知言,无以知人也。"

译文

孔子说:"不懂得天命,就不能做君子。不知道礼仪,就不能立身处世。不善于分辨别人的话语,就不能真正了解他。"

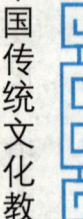